국제인권법과 차별금지법제

summum ius summa iniuria
가장 완벽한 법은 가장 완벽한 불의이다

김학민 지음

프롤로그

이 책은 제가 2021. 8. 19. '절대 성, 참가정 컨퍼런스'에서 차별금지·평등법안에 대해 발제를 하게 된 것이 출발점이었습니다.

당시 후배인 이영섭 변호사님에게 논문 리서치를 요청하여 그 검색된 논문들과 인터넷에서 발견되는 자료들을 바탕으로 차별금지법제에 대하여 접근하기 시작했습니다.

그리고 여당 의원이 혼인·혈연·입양으로 이루어지는 '가족' 개념을 삭제하는 내용의 건강가정기본법 개정을 추진하던 상황에서(2021. 8. 9. 법률신문 제7면 보도), 2021. 12. 2. '2021 가정평화포럼'에서 한 세션의 좌장을 맡으면서 차별금지·평등법안과 그 안에 은폐되어 있는 국가 이데올로기가 된 젠더 이데올로기 등에 대하여 그 문제의 심각성을 더욱 더 깨닫게 되었습니다(현 정부 하에서 제정되거나 제정이 시도되는 법률(안)들은, 단순한 해석이 아니라 그 숨은 의미를 파악하는 해독(decipher)이 필요합니다).

다만 자료들이 적지 않고 쟁점들이 종래 우리가 신뢰하던 인권, 국제기구들과 같이 어우러져 있어서 고민하던 중, 수원가톨릭대학교 곽진상 총장신부님으로부터 위 대학교출판부가 출판한 윤리신학입문 등의 책들을 감사하게 받으면서 이 책의 구상이 마무리되었습니다.

이 책의 제1부에서는 우리나라 차별금지·평등법안의 문제점을 살펴봅니다. 제2부에서는 유럽연합과 미국 등 세계 여러 나라의 관련 법제들을 검토해봅니다. 그리고 제3부에서는 우리의 기본적 헌법질서가 어떤 내용이었는지, 그리고 성적지향 등에 관련한 족자카르타 원칙과 인권위 활동을 짚어보며, 국제연합이나 유럽연합이 어떻게 변질되었고, 이들이 추구하는 것이 문화막시즘, 독일 프랑크푸르트 학파의 비판이론과 연계되어 있음을 살펴보도록 하겠습니다.

우리가 신뢰하던 국제기구, 그리고 인권은 오늘날에는 우리가 전에 알던 것과는 다른 활동과 기능을 하고 있습니다. 그리고 우리의 차별금지·평등법안도 차별 없는 세상을 만들겠다고 하지만 오히려 자유에 대한 통제가 더욱 심각해지고 문화막시즘의 요소들이 강해집니다. 국가인권위원회는 위 법안을 통하여 인권분야에서뿐만 아니라 우리의 제반 생활영역에서 더욱 더 비대해진 권력기관이 되어 버리고 맙니다.

이미 많은 분들이 이 길에 계시며 저로서는 이 책에서 그분들의 연구노력을 제게 허용되는 범위 내에서 모아 보았고, 앞으로도 많은 분들께서 동참하시리라고 믿습니다.

오늘은 구정 전날입니다. 내일부터 새로운 한 해가 시작되듯이 우리의 인식의 지평도 새롭게 열리기를 희망하고 있습니다. 이 책에 도움을 주신 모든 분들에게 깊은 감사를 드리며, 이 책의 출판을 흔쾌히 맡아주신 필미디어 곽혜란 대표님과 편집을 담당해주신 김명희 실장께도 감사드립니다.

목차

프롤로그 / 2

Ⅰ. 우리나라 차별금지·평등법안

1. 차별금지·평등법안의 연혁 / 10
2. 차별금지·평등법안에서의 차별금지사유들 / 14
3. 차별금지법안 제2조(정의)에서
   근로자 및 사용자 개념의 지나친 확대 / 32
4. 차별금지법안 제3조 제1항의 지나친 광범위성,
   동조 제2항의 '정당한 사유'의 지나친 협소성 / 36
5. 차별금지법안 제6조(차별시정기본계획의 수립)
   내지 제9조(국가 및 지방자치단체의 책임)의 문제점 / 40
6. 차별금지법안 제3장 차별금지 및 예방조치에서의 문제점 / 42
7. 차별 구제 방법으로서 제42조(시정명령), 제44조(이행강제금),
   제50조(법원의 구제조치), 제51조(손해배상), 제52조(증명책임)
   등에서의 문제점 / 55
8. 소결 / 60

II. 외국의 차별금지법

1. 유럽 각국의 차별금지법제 / 66
2. 미국 등 유럽연합 이외의 국가들의 차별금지법제 / 92
3. 구체적인 분쟁사례들 / 112

III. 보론(補論) 및 여론(餘論)

1. 우리나라 헌법질서 / 124
2. 족자카르타 원칙과 국제규범들 / 129
3. 글로벌 성혁명을 주도하는 국제기구들 / 138
4. 인권위의 인권활동 / 146
5. 젠더 이데올로기와 문화막시즘 / 150
6. 사적 자치와 summum ius summa iniuria / 157
7. 진정한 인권이란 / 161

에필로그 / 164

국제인권법과
차별금지법제

summum ius summa iniuria
가장 완벽한 법은 가장 완벽한 불의이다

김학민 지음

"한 국가가 존재하려면,
그것이 미래를 위한 목적을 지니는 것으로 충분하다."
-호세 오르테가 이 가세트

Ⅰ. 우리나라 차별금지·평등법안

1. 차별금지·평등법안의 연혁

우리나라에서 국가인권위원회가 설립된 이후 차별금지·평등법안의 입법의 역사는 아래 도표의 내용과 같다[1].

법안명	성안/발의일시	비고
국가인권위원회 차별금지법 권고법안(약칭 : 인권위 법안)	2006. 7. 25.	
빈부격차차별시정위 추진기획단 차별금지법안	2007. 7. 4.	
법무부 차별금지법안 (약칭 : 법무부 법안)[2]	2007. 12. 12. (17대 국회)	정부발의
차별금지법안(노회찬의원 등 10인) (약칭 : 노회찬법안)	2008. 1. 28. (17대 국회)	시민단체안 반영 회기만료 폐기
법무부 차별금지법(동동대우법)안	2010. 12.	법무부 차별금지법 특별분과위원회 내부 논의안(비공개)
차별금지기본법안(박은수 의원 등 11인)(약칭 : 박은수법안)	2011. 9. 15. (18대국회)	회기만료 폐기
차별금지법안(권영길의원 등 10인)(약칭 : 권영길법안)	2011. 12. 2. (18대국회)	차별금지법 제정연대안 반영 회기만료 폐기
차별금지법안(김재연의원 등 10인)(약칭 : 김재연법안)	2012. 11. 6. (19대국회)	회기만료 폐기
법무부 차별금지법(동등대우법)안	2013년	내부 논의안(비공개)
차별금지법안(김한길의원 등 51인)(약칭 : 김한길 법안)	2013. 2. 12. (19대 국회)	철회(2013. 4. 24.)

1) 차별이란 무엇인가 : 차별금지법상 차별금지사유의 의의, 홍성수, 법과 사회 66호(2021. 2.) 4면의 내용을 바탕으로 추가.
이외에도 박주민 의원안(2021. 8. 9.), 권인숙 의원안(2021. 8. 31.)이 국회에 제출되었다.
박주민 의원안은, 그 보도자료에 의하면, 기존의 이상민 의원안과는 다르게, 특수고용 노동자성 관련 전속성을 배제하기 위한 조항(제2조), 복합차별조항(제6조), 법령 및 정책집행이라는 행정 서비스 개념 확대 조항(제4절), 동일임금 동일가치 노동 관련 규정 보완(제13조), 국가인권위의 시정명령 제도 도입(제34조) 등이 포함되었다.

2) 성소수자 진영은 법무부가 2007. 10. 차별금지법 입법예고안에서 성적지향을 차별사유에서 삭제하자 2007. 11. 5. '차별금지법 대응 및 성 소수자 차별, 혐오 저지를 위한 긴급행동'을 발족하고 조직적 저항에 들어갔다. (소수자 정책과 인권담론, 김수경, 사회과학 담론과 정책, 2019. 4. 경북대학교 사회과학연구원, 102면)
법무부는 2007. 10. 2. 차별금지법안을 입법예고할 때만 해도 그 제안이유에서 '헌법의 평등이념에 따라 성별, 장애, 병력, 나이, 출신국가, 출신민족, 인종, 피부색, 언어, 출신지역, 용모 등 신체조건, 혼인여부, 임신 또는 출산, 가족형태 및 가족상황, 종교, 사상 또는 정치적 의견, 범죄전력, 보호처분, 성적지향, 학력, 사회적 신분 등을 이유로 한 정치적, 경제적, 사회적, 문화적 생활의 모든 영역에 있어서 합리적인 이유없는 차별을 금지하겠다.'고 밝혔으나, 발의된 정부안에서는 출신국가, 가족형태 또는 가족상황, 범죄 및 보호처분 전력, 성적지향, 학력, 병력(총 7개)를 삭제하였다. 또한 인권위안과 비교할 때 성별, 성적지향에 대한 정의규정을 삭제하였다.

차별금지법안(최원식의원 등 12인)(약칭 : 최원식 법안)	2013. 2. 20. (19대 국회)	철회(2013. 4. 24.)
차별금지법안(장혜영 의원 등 10인) (의안번호 : 1116)	2020. 6. 29.	국회심의 중
평등에 관한 법률안(이상민 의원 등 24인) (의안번호 : 10822)	2021. 6. 16.	국회심의 중

차별금지법안이 국회에 최초로 제출된 것은 2007. 12. 12. 법무부 법안으로서였는데, 이는 국가인권위원회(이하 '인권위')가 2003. 1월부터 2006. 7월까지 약 3년 6개월여의 기간 동안 준비한 차별금지법 권고법안에 기초한 것이었고, 현재 21대 국회에서 제출되는 법안들도 위 인권위 권고법안의 기본적 구조를 따른 것이다. 그만큼 인권위 권고법안은 차별금지·평등법안의 가장 중요한 기본적 구조를 잡은 것이다.

인권위가 밝힌 성안추진 및 주요내용 검토는 아래의 내용이다. 그런데 차별금지·평등법안은 국가인권위원회법 제1조에서 명시하는 '이 법은 국가인권위원회를 설립하여 모든 개인이 가지는 불가침의 기본적 인권을 보호하고 그 수준을 향상시킴으로써 인간으로서의 존엄과 가치를 실현하고 민주적 기본질서의 확립에 이바지함을 목적으로 한다.'에서의 우리 헌법의 기본질서를 따르고 진정한 인권을 보호하는 내용들일까? 이 책에서 검토하는 목적 중의 하나이다.

1. 차별금지법 제정의 필요성 및 의의

○ 우리사회의 중요한 사회적인 과제인 차별은 특정 사유나 영역에 한정되지 않고 광범위하게 발생하고 있으나, 기존의 차별 관련 법률이 차별금지의 선언적인 표명, 특정 분야에의 한정, 미흡한 구제 등의 문제가 제기되어 온 바, 적극적인 차별시정을 위한 실효성 있는 법적 근거 마련이 필요함

○ 차별금지법 제정은 기본권 보장에 관한 우리 헌법의 핵심 원리인 평등의 원칙을 실현하기 위한 확인적 입법으로서, 정치·경제·사회·문화의 모든 영역에서 평등을 추구하는 헌법 이념의 실현을 도모하는 것임

○ '정치적·시민적권리에관한국제규약', '경제적·사회적·문화적권리에관한국제규약', '인종차별금지협약', '장애인권리선언', '여성차별철폐협약' 등 국제적 합의에 의한 치별시정의 요청 이 높아지고 있는 바, 차별금지법의 제정은 국제사회의 차별시정 요구에 부응하는 것임

○ 차별은 사회적 통합을 해치는 주요 요인의 하나이며, 특히 차별 피해자의 다수가 그 사회의 약자인 경우가 많은 바, 차별금지법 제정은 사회적 소수자의 인권보호 및 국민 인권의 전반적인 향상을 도모하고, 더 나아가 사회통합 과제의 해결을 지향함

○ 차별금지법은 현행 국가인권위원회법의 차별 분야에 대한 특별법적인 성격으로, 차별의 의미와 판단기준을 제공하고, 적극적인 차별구제의 실현을 도모하고자 함

2. 주요 추진경과

가. 차별금지법제정추진위원회(이하 '추진위') 활동('03.1.~'04.7.)
○ 총17인 구성(내부 7인, 인권단체 및 차별전문가 10인)
○ 차별관련 주요쟁점 및 외국의 입법례 검토
○ 전문가 간담회 및 관계부처 협의('04.7.~8.)
○ 추진위안 마련('04.8.)
○ 차별전문가 및 인권단체 간담회('05.4.)

나. 차별금지법검토팀(이하 '검토팀') 활동('05.5.~9.)
○ 추진위안의 주요쟁점에 대한 검토
○ 외부전문가 간담회(법학자, 차별 전문가 등) 실시
○ 추진위안 수정·보완 → 검토팀안 작성('05.9.)

다. 차별금지법제정특별위원회(이하 '특위') 활동('05.10.~'06.7.)
○ 제21차 전원위원회('05.10.10)에서 인권위원 4인 중심의 특위 구성 결정
○ 차별 관련 관계부처 간담회('05.10.)
○ 인권위원 워크숍('05.11.)
○ 차별전문가 및 인권단체 간담회('05.12.)
○ 검토팀안의 수정·보완 → 특위시안 마련('06.1.)
○ 학계 및 차별전문가, 인권단체, 일반국민 의견수렴, 관계부처 의견조회 ('06.2.~3.)
○ 공청회('06.3.28)
○ 장애인차별금지법제정추진연대 간담회 ('06.3., 4.)
○ 의견수렴 결과를 토대로 특위안 마련('06.5.)

라. 전원위원회 상정('06.5.22) 이후 주요 추진경과
○ '06년 제11차 전원위원회는 차별금지법 특위의 안을 적정 시점에서 위원회의 권고법안으로 확정하여 이를 정부/국회 등에 권고하기로 하고, 권고 법안 확정 전까지 정부당국 등과 시안에 대하여 논의할 수 있도록 특위에 권한을 위임하며, 특위의 안을 외부 협의용 시안으로 승인한 바 있음
○ 관계부처 회의('06.6.1, 7.11)
- 위원회가 차별금지법안을 (국무총리에) 권고시, 정부는 권고안을 적극 수용하여 공론화 및 검토를 할 예정이며, '07. 3.까지 정부안을 마련할 계획임
○ 특위수정안 마련('06.7.)

3. 법안의 주요골자
※ [붙임] 참고

○ 법안은 제1장(총칙), 제2장(국가 및 지방자치단체 등의 차별시정 의무), 제3장(차별금지 및 예방조치), 제4장(차별의 구제)의 총 4개의 장, 43개조로 구성됨
○ 차별의 정의를 구체화하고 범위를 확대 및 보완(안 제2조)한 바,
- 차별을 직접차별, 간접차별, 괴롭힘(harassment)을 포괄하는 것으로 정의하고,
- 성별, 장애, 나이, 인종, 학력, 고용형태 등 20개를 차별 사유로,
- 고용, 교육, 재화·용역 등의 공급 및 이용, 법령과 정책 집행에서의 공권력의 행사 또는 불행사를 차별의 영역으로 함
○ 위원회의 차별시정기본계획 권고안 마련 및 대통령의 차별시정기본계획 수립(안 제8조), 중앙행정기관의 장, 특별시장·광역시장·시장·도지사·군수·구청장 및 시·도교육감의 연도별 세부시행계획 수립(안 제9조) 명시
○ 고용, 교육, 재화·용역 등에서의 차별금지(안 제11조~제22조), 참정권, 행정서비스, 수사·재판절차 등의 영역에서 차별예방을 위한 조치 및 적절한 편의제공 등의 차별예방조치에 관한 규정 적시(안 제23조~제28조), 성별, 장애, 인종, 출신국가, 출신민족, 피부색, 성적지향을 이유로 한 괴롭힘 금지(안 제29조) 규정
○ 구제수단의 다양화 및 구제의 실효성을 제고한 바,
- 위원회의 일반적인 구제조치로서 조정 및 시정권고(안 제30조), 특별한 권리구제 장치로서 제한적인 범위에서의 시정명령(안 제31조), 피진정인이 위원회의 결정에 불응하고 사안이 중대하다고 판단되는 사건의 경우 소송지원(안 제37조) 도입
- 법원의 구제조치로서, 적절한 임시조치, 차별적 행위의 중지나 적극적 조치 및 손해배상 등의 판결(안 제38조), 손해배상의 특례제도로 차별행위가 악의적인 것으로 인정되는 경우, 통상적인 재산상 손해액 이외에 별도의 배상금(손해액의 2배 이상 5배 이하) 지급 결정 가능(안 제39조), 증명책임의 전환(안 제40조) 도입

4. 제14차 특위(7.18) 결정사항

○ 특위는 차별금지법 특위안을 위원회의 권고법안으로 전원위원회에 상정하여 심의·의결을 하고, 위원회의 권고법안을 정부(국무총리)에 권고하는 방안을 제안함
- '06년 제11차 전원위원회('06.5.22)는 위원회의 권고법안을 정부/국회 등에 권고하는 것을 논의한 바 있으나,
- 특위는 현시점에서 입법의 현실가능성 등을 감안할 때 정부(국무총리)에 권고하여 정부 입법 방식으로 추진하는 것이 적절하다고 판단함

5. 심의·의결 사항

○ 특위안의 위원회 권고법안 확정 여부 및 권고대상 결정

2. 차별금지·평등법안에서의 차별금지사유들

장혜영 의원이 2020. 6. 29. 대표발의한 '차별금지법안'(의안번호 : 1116)과 이상민 의원이 2021. 6. 16. 대표발의한 '평등에 관한 법률안'(의안번호 : 10822, 이하 '평등법안')에서 차별금지사유들은 아래 표의 내용이다.

차별금지법안 제3조 제1호	평등에 관한 법률안 제4조 제2항
성별, 장애, 나이, 언어, 출신국가, 출신민족, 인종, 국적, 피부색, 출신지역, 용모 등 신체조건, 혼인여부, 임신 또는 출산, 가족 및 가구의 형태와 상황, 종교, 사상 또는 정치적 의견, 형의 효력이 실효된 전과, 성적지향, 성별정체성, 학력, 고용형태, 병력 또는 건강상태, 사회적 신분 등	성별, 장애, 병력, 나이, 출신국가, 출신민족, 인종, 피부색, 출신지역, 용모·유전정보 등 신체조건, 혼인여부, 임신 또는 출산, 가족형태 및 가족상황, 종교, 사상 또는 정치적 의견, 전과, 성적지향, 성별정체성, 학력, 고용형태, 사회적 신분 등

위 법안들에서 들고 있는 차별금지사유들은 예시적 규정이다. '등'이라는 개념확장용 용어가 명시되어 있다.[3]

참고로, 평등권에 관해 규정하고 있는 우리 헌법 제11조 제1항에서 '누구든지 성별·종교 또는 사회적 신분에 의하여 정치적·경제적·사회적·문화적 생활의 모든 영역에 있어서 차별을 받지 아니한다.'라고 규정하고 있지만, 성별·종교 또는 사회적 신분은 예시적 규정이라고 해석되고 있다.

---

[3] 차별의 표지는 열거적으로 규정되어야 한다는 주장이 존재한다. (사법상 차별금지와 허용되는 차별대우 – 독일 일반평등대우법을 중심으로, 박신욱, 민사법학 (94), 2021. 2. 67면 이하)
위 논문에서는, 외연이 한정되지 않는 차별의 표지를 적시함으로써 가치판단이 매개되는 평등권이 사법영역에 과도하게 개입하게 하는 가능성을 무제한적으로 열어둘 수밖에 없을 것이고, 독일 일반평등대우법에서 확인한 바와 같이 차별은 적어도 민사법 영역에서는 허용되는 것이 원칙이어야 하며, 외연이 무제한적으로 열려있는 차별의 표지를 적시하는 방식은 수용하기 어렵다는 점을 지적한다.
그리고 지금까지의 차별금지·평등법안들이 평등권에 대해 우리가 이해하고 수용하는 상대적 평등의 개념이 아닌 절대적 평등을 추구한다고 밖에는 평가할 수 없다는 점도 주장한다.
이에 반하여 독일의 일반평등대우법은 여러 방식으로 허용되는 차별을 가능하게 하는데, 총칙에 있는 독일 일반평등대우법 제5조에 따르면 차별의 표지에 해당한다 하더라도 현존하는 차별을 해소 또는 완화하기 위한 적합·적정한 조치로서 행하여지는 차별적 대우는 허용되고, 적용범위를 한정함으로써 사법영역으로의 적용가능성을 매우 제한하고 있으며, 이외에도 취업자에 대한 허용되는 차별을 제8조 내지 제10조에서 규정하고 있음을 지적하고 있다.

차별금지사유를 담고 있는 국가인권위원회법과 2006년 인권위 권고법안, 그리고 2007년 법무부법안을 서로 비교하면 아래의 내용이다.[4]

법률/법안	2000국가인권위원회법	2006인권위법안	2007법무부법안
차별금지사유목록	성별	성별	성별
	종교	종교	종교
	장애	장애	장애
	나이	나이	연령
	사회적 신분	사회적 신분	사회적 신분
	출신지역 (출생지, 등록기준지, 성년이 되기 전의 주된 거주지 등을 말한다)	출신지역	출신지역
	출신국가	출신국가	x
	출신민족	출신민족	출신민족
	용모 등 신체조건	용모 등 신체조건	신체조건
	기혼·미혼·별거·이혼·사별·재혼·사실혼 등 혼인 여부	혼인여부	혼인
	임신 또는 출산	임신 또는 출산	임신
	가족 형태 또는 가족 상황	가족형태 및 가족상황	x
	인종	인종	인종
	피부색	피부색	피부색
	사상 또는 정치적 의견	사상 또는 정치적 의견	정치적 또는 그밖의 의견
	형의 효력이 실효된 전과	전과	x
	성적 지향	성적 지향	x
	x	x	x
	학력	학력	x
	병력	병력	x
	x	x	x
	x	x	x
	x	고용형태	x

    차별금지·평등법안의 차별금지사유들은 지나치게 저인망식으로 모든 차별금지사유들을 망라하고 있다. 해외의 입법례와 비교하더라도 우리나라의 법안은 차별금지사유들이 많고 세분화되어 있다.

---

4) 차별이란 무엇인가 : 차별금지법상 차별금지사유의 의의, 홍성수, 법과 사회 66호(2021. 2.) 제52면

그리고 우리의 헌법의 기본질서에 부합하지 않거나 우리 사회 공동체가 일치하여 받아들이기 어려운 개념들이 포함되어 있고, 일종의 법률적 혁명(juristischen Revolution)의 방법으로 강제시키려 하고 있다.

아래에서는 차별금지사유들 중 일부 개념들에 대하여 그 문제점을 살펴보기로 한다[5].

가. 성별

(1) 성별에 대해 장혜영 의원이 대표발의한 차별금지법안 제2조(정의) 제1호에서는 '여성, 남성 그 외에 분류할 수 없는 성을 말한다'라고 정의한다. 이상민 의원의 평등법안도 제3조 제1호에서 동일하게 규정하고 있다.[6]

(2) 그러니 제3의 성을 인정하려고 하는 위 정의는, 혼인과 가족생활보장, 모성보호, 국민보건보호를 규정하는 헌법 제36조 제1항의 '혼인과 가족생활은 개인의 존엄과 양성의 평등을 기초로 성립되고 유지되어야 하며, 국가는 이를 보장한다.'라는 헌법질서와 상반된다고 지적되고 있다.

---

5) 이하의 글은, 필자가 2021. 8. 19. 프레스센터 20층 프레스클럽에서 진행된 '절대 성 참가정 컨퍼런스 : 평등법의 문제와 대안'(건강한가정글로벌연합, 절대 성 TV)에서 차별금지·평등법안에 대하여 발제한 내용을 바탕으로 추가적으로 재구성하였다.

6) 우리나라에서는 여성할당제로 여성에게 가점을 부여하는 경우들이 존재한다. 그래서 중소벤처기업진흥공단이 주관하는 청년창업사관학교도 남성 역차별의 대표적인 사례로 거론된다. 서류발표, 심층면접 등으로 이어지는 심사과정 중 서류심사 단계에서 여성에게 가점을 부여한다는 사실이 알려져 논란이 되었었다.
공무원 채용 과정에서는 특정 성별이 전체 합격자의 30%가 되어야 한다는 양성평등 채용목표제가 적용된다. 1996년 시작된 여성공무원 채용목표제가 2003년부터 양성평등 채용목표제로 전환되었고, 최종 합격자 수에 성비 목표제를 적용한다. (2021. 7. 5. 뉴스톱 '차별금지법, 여성할당제, 국가보안법')

헌법상으로 성별에 대하여 양성으로 분류하고 있는데, 제3의 성을 헌법의 하위인 법률에서 헌법 개정 없이 인정하려고 시도하기 때문이다.

법률은 일차적으로 국가법체계에서 최상위 규범이자 근거규범인 헌법에 위반해서는 안되는데, 그 이유는 하나의 법률은 독자적으로 존재하지 않고 헌법을 정점으로 하는 법체계를 구성하는 일부이기 때문이다.[7]

현재 우리 사회는 제3의 성이나 동성애 등에 대하여 이를 법적으로 어느 정도 수준으로 규율할 것인지에 대하여 사회적인 합의가 되지 않은 상황이다.

그런데도, 차별금지법안 제4조 제1항에서 '대한민국 헌법상의 평등권과 관련된 법령을 제정·개정하는 경우나 관련 제도 및 정책을 수립하는 경우에는 이 법의 취지에 부합하도록 하여야 한다.'라고 규정하여(평등법안 제6조 제1항도 같은 취지이다), 대한민국의 헌법질서와 부합하지 않는 차별금지법안의 내용에 따라 관련되는 법률들에 대하여 제·개정을 해야 한다고 의무화함으로써, 결과적으로 대한민국의 헌법질서를 침해하거나 변화하려고 시도하고 있는 중이다.

---

[7] 포괄적 차별금지법에 대한 헌법적 평가, 음선필, 홍익법학 제21권 제3호, 2020. 128면
따라서 법률의 내용은 헌법의 명문 규정이나 헌법원리에 직접 위배되지 말아야 할 뿐만 아니라 간접적으로도 훼손하지 말아야 한다.
그리고 법률은 헌법구체화 규범으로서 기본적으로 헌법과 그 속에 들어있는 가치를 구체적으로 구현하여야 하고, 법률은 국가기관을 비롯한 공권력 담당자에게 일정한 업무를 분담시키며 그에 상응한 권한을 부여하는데 국가기관을 조직함에 있어서 권력분립원칙에 위배되지 않도록 제도적 설계가 되어야 함을 논의하고 있다.

참고로, 인권위는 국가인권정책기본계획 등에서 의도적으로 선택한 '성평등'이라는 용어를 사용하고 있고, 또한 인권위는 위 헌법규정에서 양성평등을 성평등으로 바꾸자는 헌법개정의 의사를 표시하고 있는 중이다.

그런데 성평등이라는 용어는 페미니즘에서 선택하여 사용하는 용어이고, 그중 급진적 페미니즘이나 포스트모던 페미니즘은 쥬디스 버틀러의 주장과 같이 성별을 해체하고 남자와 여자의 성적 차이를 해체하여 성중립사회로 가고자 하는 젠더 이데올로기를 기반으로 하는데, 국가기관인 인권위가 하나의 사회운동 또는 이데올로기인 래디컬(급진적) 또는 포스트모던 페미니즘의 맹렬한 전도사 역할을 하는 것은 국가기관의 헌법준수와 중립의무 등에 위배되는 것이다.

국가기관은 우리 사회의 공동의 가치를 수호하고 건강하게 발전시키는 정책을 형성하고 집행하여야 타당한데, 아직 우리 사회가 합의하지 않았고 또한 우리의 헌법질서에 위배되는 젠더 이데올로기를 무분별하게 입법 또는 정책화 하는 것은 분명 문제이다.

나. 언어

(1) 차별금지사유로서의 '언어'에 대하여 차별금지법안은 제2조 정의에서 개념정의하고 있지는 않다. 이로 인하여 어느 수준까지가 혐오표현[8] 등으로 보아 차별금지법안에 의한 규율대상이 되

---

[8] 유럽평의회의 각료위원회 1997년 권고 20호는 혐오에 대하여 '인종적 증오를 퍼뜨리고 선동하고

는지 여부는 지나치게 광범위하고 모호하다.[9]

이러한 차별금지사유로서의 언어는 차별금지법안 제3조 제1항에서 제3호, 제5호 등의 차별금지범위와 연계되어 광범위한 차별금지사유로 기능하게 될 것이다.

> 제3조(금지대상 차별의 범위)
> ① 이 법에서 차별이란 다음 각 호의 어느 하나에 해당하는 행위 또는 경우를 말한다.
> ...
> 3. 제1호 각 목의 영역에서 성적 언동이나 성적 요구로 상대방에게 피해를 주거나 피해를 유발하는 환경을 조성하는 행위, 그리고 그러한 성적 요구에 불응을 이유로 불이익을 주거나 그에 따르는 것을 조건으로 이익 공여의 의사표시를 하는 행위
> ...
> 5. 합리적인 이유 없이 성별 등을 이유로 특정 개인이나 집단에 대한 분리·구별·제한·배제·거부 등 불리한 대우를 표시하거나 조장하는 광고 행위

평등법안은 제3조(용어의 정의) 중 제7호로 '괴롭힘'을 규정하며, 그 정의를 아래와 같이 하고 있어서, 언어로 인한 괴롭힘 등도

고취하고 정당화하는 모든 형태의 표현, 제노포비아, 반유대주의, 또는 불관용에 근거한 또 다른 형태의 증오'로 정의한다.
UNESCO가 발간한 2015년 '온라인 혐오표현에 대항하기'라는 문서에서는 혐오표현을 '특정한 사회적, 인구학적 집단으로 식별되는 대상에 대한 차별 등'으로 보고 있고, 국제인권단체라는 휴먼라이츠워치(Human Rights Watch)에서는 '여성, 민족적이거나 종교적인 단체 또는 다른 차이점을 가진 소수자나 소수집단에 대한 공격적인 표현의 형태'로 정의하고 있다. 《혐오(Hate)에 어떻게 대응할 것인가? - 혐오에 관한 법과 정책, 홍성수, 충남대학교 법학연구소 법학연구 30(2), 2019. 5. 197면 이하》
우리나라에서는 2013년경부터 일간베스트 게시판, 메갈리아 등과 관련하여 사회적 관심을 끌기 시작하였다.

9) 혐오표현 실태조사 및 규제방안 연구(국가인권위원회, 2016.)에서는 혐오표현 규제의 기본적인 근거규범은 차별금지, 법의 평등한 보호에 관한 세계인권선언 제7조(모든 사람은 법 앞에 평등하고, 어떠한 차별도 없이 법의 평등한 보호를 받을 권리를 가진다. 모든 사람은 이 선언에 위반하는 어떠한 차별이나 그러한 차별의 선동에 대하여도 평등한 보호를 받을 권리를 가진다), 경제적, 사회적 및 문화적 권리에 관한 국제규약 제2조 제2항(모든 사람은 인종, 피부색, 성, 언어, 종교, 정치적 또는 기타의 의견, 민족적 또는 사회적 출신, 재산, 출생, 기타의 지위 등에 따른 어떠한 종류의 차별도 없이, 이 선언에 제시된 모든 권리와 자유를 누릴 자격이 있다), 시민적 및 정치적 권리에 관한 국제규약 제2조 제1항(이 규약의 당사국은, 자국의 영토 내에 있으며, 그 관할권하에 있는 모든 개인에 대하여 인종, 피부색, 성, 언어, 종교, 정치적 또는 기타의 의견, 민족적 또는 사회적 출신, 재산, 출생 또는 기타의 신분 등에 의한 어떠한 종류의 차별도 없이 이 규약에서 인정되는 권리들을 존중하고 확보할 것을 약속한다), 시민적 및 정치적 권리에 관한 국제규약 제26조(모든 사람은 법 앞에 평등하고 어떠한 차별도 없이 법의 평등한 보호를 받을 권리를 가진다. 이를 위하여 법률은 모든 차별을 금지하고, 인종, 피부색, 성, 언어, 종교, 정치적 또는 기타의 의견, 민족적 또는 사회적 출신, 재산, 출생 또는 기타의 신분 등의 어떠한 이유에 의한 차별에 대하여도 평등하고 효과적인 보호를 모든 사람에게 보장한다) 등을 들고 있다. (38면 이하)

포함하게 된다. 괴롭힘(harassment)은 차별금지법안에서 처음 도입한 개념 중 하나이다.[10]

> 제3조(용어의 정의) 이 법에서 사용하는 용어의 정의는 다음과 같다.
> ...
> 7. 괴롭힘이란 특정 개인이나 집단에 대하여 다음 각 목의 어느 하나에 해당하는 행위로 신체적·정신적 고통을 주는 경우를 말한다.
> 가. 적대적, 위협적 또는 모욕적 환경을 조성하는 행위
> 나. 수치심, 모욕감, 두려움 등을 야기하는 행위
> 다. 멸시, 모욕, 위협 등 부정적 관념의 표시 또는 선동 등의 혐오적 표현을 하는 행위

평등법안에서의 괴롭힘의 개념 또한 지나치게 포괄적이고 모호하다. 그 판단의 기준을 만약 성적수치심에서와 같이 피해자의 주관적인 입장을 기준으로 한다면 평등법안의 적용이 아니라고 할 사례가 굉장히 적어질 것이다.

개념의 모호함으로 인하여, 인권위와 같은 제3의 국가기관이 당사자들 사이의 시시비비를 판정하게 될 것이고, 이로 인하여 인권위는 더욱 더 많은 통제를 수행할 수 있게 되어 그 권력은 가일층 비대해질 수밖에 없다.

차별금지법안을 반대하는 입장에서는, 이미 차별금지법이 입법화된 국가들에서 예컨대, 영국 법원이 동성애는 부도덕하다는 푯말을 들고 서 있던 사람에게 그 푯말이 동성애자들을 모욕할 수 있다고 하며 유죄판결과 함께 수백만 파운드의 벌금형을 내린 것

---

10) 괴롭힘이 금지되어야 하는 이유에 대하여, 그것이 단순한 비웃음, 농담, 우스갯거리가 아니라 생애 전반에 걸친 인격침해, 자존감 상실, 신체적 고통까지도 수반될 수 있기 때문이고, 이러한 괴롭힘 역시 특정 집단에 대한 성별, 인종, 장애 등 편견에서 야기되는 일정한 공격행위로서 또 하나의 차별행위라고 보는 견해도 있다. {차별금지법 제정을 둘러싼 쟁점의 비판적 검토-차별의 개념 및 구제조치를 중심으로, 한지영, 이화젠더법학 3(1), 2011. 9. 109면}

이나, 미국 교단에서 동성애자가 목사 안수를 받고 있는 반면 오히려 동성애에 반대하는 목사는 목사직에서 면직되는 상황 등이 우리나라에도 도래할 것을 우려하고 있다.

차별금지법의 입법화로 인하여 오히려 소수자들이 보호받는 정도는 다수자들이 보호받는 인권의 정도와 비교할 수 없을 정도로 절대적으로 되고, 성 재배분(sex reassignment)이 정당화되며, 이로 인하여 우리 사회 다수가 지니는 가치질서는 약화되는 결과가 초래될 수밖에 없을 것이다.

(2) 차별금지법안에서 '언어'에 대하여는 일종의 트로이의 목마 역할을 할 것으로 예상하는 견해도 존재한다.

애초 우리나라에서 2001년경 '국가인권위원회법안'을 심의할 때, 평등권 침해의 차별행위 사유인 '성적 지향'이란 표현을 통상 법률 첫 부분에 두어 개념 정의하여야 하지만 위 법안 제30조 제2항에만 포함시켜 놓았다.[11] 이로 인하여 국회 논의과정에서 '성적

---

11) 제30조 (위원회의 조사대상) ① 다음 각호의 1의 경우에 인권을 침해당한 사람(이하 "피해자"라 한다) 또는 그 사실을 알고 있는 사람이나 단체는 위원회에 그 내용을 진정할 수 있다.
1. 국가기관, 지방자치단체 또는 구금·보호시설의 업무수행(국회의 입법 및 법원·헌법재판소의 재판을 제외한다)과 관련하여 헌법 제10조 내지 제22조에 보장된 인권을 침해당한 경우
2. 법인, 단체 또는 사인(私人)에 의하여 평등권침해의 차별행위를 당한 경우
② 평등권침해의 차별행위라 함은 합리적인 이유없이 성별, 종교, 장애, 나이, 사회적 신분, 출신지역, 출신국가, 출신민족, 용모 등 신체조건, 혼인여부, 임신 또는 출산, 가족상황, 인종, 피부색, 사상 또는 정치적 의견, 형의 효력이 실효된 전과, 성적(性的) 지향, 병력(病歷)을 이유로 한 다음 각호의 1에 해당하는 행위를 말한다. 다만, 다른 법률에서 특정한 사람(특정한 사람들의 집단을 포함한다. 이하 같다)에 대한 우대를 차별행위의 범위에서 제외한 경우 그 우대는 차별행위로 보지 아니한다.
1. 고용(모집, 채용, 교육, 배치, 승진, 임금 및 임금외의 금품 지급, 자금의 융자, 정년, 퇴직, 해고 등을 포함한다)에 있어서 특정한 사람을 우대·배제·구별하거나 불리하게 대우하는 행위
2. 재화·용역·교통수단·상업시설·토지·주거시설의 공급이나 이용에 있어서 특정한 사람을 우대·배제·구별하거나 불리하게 대우하는 행위
3. 교육시설이나 직업훈련기관의 이용에 있어서 특정한 사람을 우대·배제·구별하거나 불리하게 대우하는 행위…

지향'의 법률적 문제점을 자각한 의원이 거의 없다시피 하여 통과되었다.

그러다가 노무현 정부 때인 2005년 위 법률을 개정하면서 법률 초반부인 제2조 제3호 정의 규정으로 옮겨 놓았다[12].

이러한 전례에 비추어, 차별금지법안이 국회에서 통과된다면, 이후에는 개정을 통해 그 개념정의를 시도하여 차별금지영역을 더욱 광범위한 범위를 확장할 수 있을 것으로 예상되고 있다.

(3) 차별금지사유로서의 언어는 정치적 올바름(Political Correctness) 운동(이하 'PC 운동')과도 연계되어진다.

PC 운동에 대하여는, 독일 68문화혁명적인 학생 운동 이후 독일의 신좌파들은 '제도권으로의 긴 행진'을 통해서 독일의 정치

---

12) 제2조 (정의) 이 법에서 사용하는 용어의 정의는 다음과 같다.
1. "인권"이라 함은 「헌법」 및 법률에 보장하거나 대한민국이 가입 · 비준한 국제인권조약 및 국제관습법에서 인정하는 인간으로서의 존엄과 가치 및 자유와 권리를 말한다. …
4. "평등권침해의 차별행위"라 함은 합리적인 이유 없이 성별, 종교, 장애, 나이, 사회적 신분, 출신지역(출생지, 원적지, 본적지, 성년이 되기 전의 주된 거주지역 등을 말한다), 출신국가, 출신민족, 용모 등 신체조건, 기혼 · 미혼 · 별거 · 이혼 · 사별 · 재혼 · 사실혼 등 혼인 여부, 임신 또는 출산, 가족형태 또는 가족상황, 인종, 피부색, 사상 또는 정치적 의견, 형의 효력이 실효된 전과, 성적(性的) 지향, 학력, 병력(病歷) 등을 이유로 한 다음 각 목의 어느 하나에 해당하는 행위를 말한다. 다만, 현존하는 차별을 해소하기 위하여 특정한 사람(특정한 사람들의 집단을 포함한다. 이하 같다)을 잠정적으로 우대하는 행위와 이를 내용으로 하는 법령의 제 · 개정 및 정책의 수립 · 집행은 평등권침해의 차별행위(이하 "차별행위"라 한다)로 보지 아니한다.
가. 고용(모집, 채용, 교육, 배치, 승진, 임금 및 임금 외의 금품 지급, 자금의 융자, 정년, 퇴직, 해고 등을 포함한다)과 관련하여 특정한 사람을 우대 · 배제 · 구별하거나 불리하게 대우하는 행위
나. 재화 · 용역 · 교통수단 · 상업시설 · 토지 · 주거시설의 공급이나 이용과 관련하여 특정한 사람을 우대 · 배제 · 구별하거나 불리하게 대우하는 행위
다. 교육시설이나 직업훈련기관에서의 교육 · 훈련이나 그 이용과 관련하여 특정한 사람을 우대 · 배제 · 구별하거나 불리하게 대우하는 행위
라. 성희롱 행위
5. "성희롱"이라 함은 업무, 고용 그 밖의 관계에서 공공기관의 종사자, 사용자 또는 근로자가 그 직위를 이용하거나 업무 등과 관련하여 성적 언동 등으로 성적 굴욕감 또는 혐오감을 느끼게 하거나 성적 언동 그 밖의 요구 등에 대한 불응을 이유로 고용상의 불이익을 주는 것을 말한다.

계, 문화예술계, 학계, 경제계 등 사회 전반의 헤게모니를 잡게 되는데, 특히 독일의 언론과 방송 분야에서는 커다란 성공을 거두었다고 한다.

이러한 새로운 좌파 언론권력과 언론계급은 '정치적 올바름'(PC)라는 언어를 사용하기 시작하였으며, 이후 서구 정치계뿐만 아니라 서구 대학 캠퍼스에서도 지배적인 이데올로기와 언어정치로 자리 잡게 되었다고 한다.

정치적 올바름(PC)이라는 새로운 언어정치는 '표현의 자유를 사보타주하고 있다'고 비판되는데[13], 이러한 정치적 올바름이 입법화되는 창구가 차별금지법이고, 차별금지법을 위반하게 되면 형사처벌까지도 가능해지게 된다.

다. 성적지향 및 성별정체성

(1) 성적지향이 국가인권위원회법에 포함되는 과정은 앞 나.(2)항에서 살펴본 것처럼 책략적 성질이 짙었다. 현재는 성적지향이 어떤 개념인지에 대하여 사회적 인식이 확산되는 상황이어서 국가인권위원회법상 성적지향이란 개념의 유지 여부에 대하여 다시 정상적인 논의를 하자는 의견이 강하게 대두되고 있는 상황이다.[14]

---

13) 독일 철학자 노베르트 볼츠(Nobert Bolz)이다.

14) 프로이트는 1920년 동성애를 치료 가능한 정신질환으로 발표하였고, 미국 정신의학회도 1942년 동성애를 치료할 수 있는 정신질환으로 선언하였다고 한다. 미국 정신의학회는 1952년 정신장애의 진단 및 통계편람 제1판, 1965년 제2판에서도 동일하였는데, 1973년 제2판 수정판부터 동성애를 성생활의 한 형태로 간주하기 시작하였고, 1980년 제3판까지는 성적지향이나 성별 정체성으로 고통을 겪는

차별금지법안은 제2조 제4호에서 '성적지향이란 이성애, 동성애, 양성애 등 감정적·호의적·성적으로 깊이 이끌릴 수 있고 친밀하고 성적인 관계를 맺거나 맺지 않을 수 있는 개인의 가능성을 말한다.'로,[15] 동조 제5호에서 '성별정체성이란 자신의 성별에 대한 인식 혹은 표현을 말하며, 자신이 인지하는 성과 타인이 인지하는 성이 일치하거나 불일치하는 상황을 포함한다.'라고 규정한다.[16]

평등법안은 제2조 총칙에서 '성적 지향, 성별정체성'을 명시하였으나, 제3조 용어의 정의에서는 이에 대한 정의를 하지 않고 있다.

이들을 치료대상으로 규정하였는데, 1987년 제3판을 수정 보완하면서 정신질환이나 장애로 보는 범주에서도 완전히 삭제하였다고 한다.
WHO도 1993년 제10차 국제질병분류를 통해 성적지향이 정신적 장애와 아무런 관련이 없다고 규정하며 성적지향이 죄도 아니고 질병도 아니라고 선언하였다.
우리나라 인권위도 2008년 보도자료를 통해 동성애는 정상적인 성 지향이며 성도착증이 아니라고 발표하였다고 하며, 한국표준질병분류에서도 성적지향은 장애와 연관이 없다고 규정하고 있다고 한다. (한국의 차별금지법안에 관한 연구·성적지향과 성별정체성을 중심으로, 유혜숙, 민족연구 77호 111면)

[15] 인권위는 그동안 성적지향과 관련하여 성적지향에 주관적 선택가능성을 포함시키는 것은 오류라고 지적하면서 성적지향이 성적 선호(sexual preference)에 의한 것이 아니라 각 개인에게 주관적인 측면을 넘어선 무엇인가라는 취지로 설명해왔다.
그러나 미국 연방대법원이 성적지향을 미국 주법의 '성적 대상자의 선택 또는 이성애, 양성애 또는 동성애에 대한 개인의 지위'로 정의하는 것과 대비된다. (성적지향을 포함한 차별금지법안에 대한 비판적 접근, 이상현, 법학논총 39, 2017. 9. 164면)
우리나라에서도 성적지향을 성적 선호와 성정체성으로 구분하면서, 성적 선호는 주관적으로 결정할 수 있는 것인 반면, 성적지향은 주관적이거나 의지에 의해 결정되는 것이 아니라고 주장하면서, 주관적으로 결정할 수 있는 성적 선호를 포함하는 넓은 개념으로서의 성적지향이 주관적으로 결정되는 것이 아니라는 논리는 성정체성의 혼란에 해당하는 트랜스 젠더를 설명하려는 과정에서 나온 논리 모순적 설명에 해당하다고 비판하는 시각이 존재한다. (한국에서 차별금지법 제정에 있어서 성적지향을 둘러싼 갈등과 전망, 이지현, 중앙법학 16권 3호, 2014. 9. 위 논문 165면에서 인용)
한편, 2006년 족자카르타 원칙은 성적지향에 대하여 심오한 감정, 애정, 성 매력에 관한 각 사람의 능력 그리고 다른 성, 같은 성, 또는 하나의 성 이상의 개인과의 친밀한 성적인 관계를 언급하는 것으로 정의되었고, 성 정체성과 구별해 사용하였다.
UN HRC의 성적지향에 대한 정의는, 이성, 동성 또는 양성 모두에게 정서적, 성적 매력을 느끼며 친밀한 성적 관계를 맺는 개인의 성향이다. 성적 선호 및 성적 행위를 포함하고 있다. 위 논문 166면.

[16] 한국성적소수자문화인권센터의 성적소수자 사전에 나와 있는 "젠더 정체성"에 대한 정의를 잠시 참조해보자면, 성별정체성을 "자신의 성별에 관한 근본적인 감정, 즉 자신을 남성 혹은 여성으로 인식하는 것"이라고 정의하고 있다고 한다. 차별금지법 제정을 둘러싼 쟁점의 비판적 검토·차별의 개념 및 구제조치를 중심으로, 한지영, 이화젠더법학 3(1), 2011. 9. 100면 이하

(2) 이들 용어를 사용한 해외 입법례를 보면, 독일 일반평등대우법(AGG) 제1조에서는 '성적 정체성'을, 캐나다 인권법 제3조에서는 '성별(sex), 성적지향(sexual orientation)'을, 프랑스 노동법 제1132조의1은 '성적 지향' 등에 의한 차별금지 등을, 영국 2010년 평등법 제14조 등에서도 sex, sexual orientation, gender reassignment 등을 차별금지사유로 규정하고 있다.

(3) 성적지향[17]이라는 개념의 법적인 정의에 관하여 '성적지향에 기초한 차별에 관한 연구'{인권연구 4(1), 2021. 6.}[18]에서는 성적지향이라는 개념의 법적인 정의에 관하여 구체적으로 연구한 선행 논문을 아직 발견하지 못하였다면서, 성적지향이라는 개념의 법률적 정의를 다음과 같이 정의하고 있다. 그중 지속성이라는 개념을 성적지향의 하나의 요건으로 제시하고 있다.

> 성적지향이라는 개념의 법률적 정의
> ① 끌림의 대상으로서의 성별(sex, gender) : 요그야카르타 원칙은 '이성이나 동성인 상대나 하나 이상의 성'이라고 규정하여 둘 이상의 성별의 존재를 전제로 한 개념으로 정의,
> ② 육체적 또는 정신적 끌림(attraction) : …
> ③ 개인의 특성이자 행동양식 …
> ④ 지속성 : (54면) 이는 성적지향이라는 개념이 개인의 '특성' 내지는 '행동양식'이기 때문에 그러하다. … 그 기간의 장단이 개념 정의에 있어 필수적인 것은 아니지만, 어떠한 성별에 대한 일시적인 끌림 또는 어떠한 성별을 가진 특정 개인에 대한 끌림만으로는 어느 특정 '성별'에 대하여 성적지향을 갖는다고 보기는 어렵다.

그런데 좌파 레즈비언 페미니즘 학자인 쥬디스 버틀러[19] 등이 제시하는 젠더 이론은 젠더플루이드(Genderfluid) 개념을 전제로

---

17) 차별금지법에서 가장 논쟁적인 부분 중 하나가 성적지향이다.
18) 김태환
19) 주지하다시피, 퀴어 이론과 젠더 이데올로기의 가장 핵심적인 이론가로 평가되고 있다.

한다. 젠더는 고정적이지 않고 유동적으로 전환된다는 의미이다.

즉, 여성과 남성은 물론이고 안드로진, 에이젠더 등과 같은 다양한 젠더 사이를 의식적 혹은 무의식적으로 오간다고 한다. 아침에는 남자, 저녁에는 여자가 될 수도 있다고 한다. 각각의 젠더에 머무르는 시간은 짧으면 분 단위부터 길면 년 단위까지 정해진 바가 없으며, 바뀌는 성별 또는 일정한 패턴 없이 불규칙적이라고 주장된다[20].

버틀러가 주장하는 퀴어이론은 "당신의 성적인 행위가 당신의 젠더를 창조한다"(Your Behavier Creates Your Genfer)는 것이어서[21], 고정된 성 정체성을 인정하지 않는다.

이러한 측면으로 인해서 성적지향을 법적으로 정의할 때 지속성 등을 요건으로 삼는 것은 젠더이론의 주류와는 부합하지 않는 주장이 된다.

(4) 성적 지향, 성별정체성이 차별금지법안 제3조 제1항의 차별금지사유로서 동조의 규정에 의한 차별금지범위에 적용되어 보호가 되므로, 차별금지법안이 입법화된 후에는 인권위는 더욱 더 동성애나 양성애, 성별정체성 등에 관련하여서는 일체의 비판을 하지 못한다고 결정할 개연성이 매우 높다.

---

20) 문화막시즘의 황혼, 정일권, CLC, 106면.
21) 위 책, 172면 이하.

그러나 현재까지 우리나라의 대법원과 헌법재판소는 예컨대, 동성간 성행위에 대하여 비정상적 성행위로서 일반인에게 객관적으로 혐오감을 유발하고 선량한 성도덕 관념에도 반하는 성만족 행위로 평가하고 있다(대법원 2008. 5. 29. 선고 2008도2222판결, 헌법재판소 2011. 3. 31. 선고 2008헌가21결정, 2016. 7. 28. 선고 2012헌바258결정 등).

그리고 서울서부지방법원은 2016. 5. 26. 김광수 등의 동성혼 인정 신청을 각하하는 결정을 하면서, 모든 자유에는 타당한 제한이 따르고 그 제한에는 근친혼 및 중혼과 같은 법적 제한뿐만 아니라 혼인은 남녀의 애정을 바탕으로 일생의 공동생활을 목적으로 하는 도덕적, 풍속적으로 정당시되는 결합을 가리킨다는 내재적 혹은 전제적 제한도 포함된다는 관점을 제시한 다음, 이를 근거로 남녀만의 결합만을 법률혼으로 인정하는 제도하에서 개인에게 동성혼까지 법률혼으로 인정받을 자유까지 부여받은 것은 아니라고 판단한 바 있다(동 법원 2016. 5. 26. 선고 2014호파1842 결정).

위 결정에서 서울서부지방법원은, 적법한 혼인 신고에 대하여만 혼인으로서의 권리를 부여하고 적법하지 않은 혼인에 대하여 혼인으로서 권리를 부여하지 않는 것은 법률혼제도를 택하는 이상 당연히 발생하는 차이라는 점, 남녀의 혼인은 자녀 출산을 통하여 가족을 이루고 자녀를 양육하는 과정을 통하여 사회 구성원을 새로 만들어감으로써 사회가 지속적으로 유지 발전할 수 있는 역할을 수행하기 때문에 법적 보호를 하는 것인데 동성혼은 남녀혼과 동일시 할 수 없는 본질적인 차이가 여전히 존재하기 때문에 혼인의 법적 보호에 동성혼을 배제하는 것은 합리적 이유가 존재하므로 평등권 침해가 아니라고 판결이유를 제시하였다.

이처럼, 우리나라 헌법 제36조 제1항에서의 헌법적 기본질서에 대하여 우리나라 헌법재판소와 대법원 및 하급심에서 판단하여 왔는데, 차별금지법안은 트랜스젠더나 동성애 등에 대하여 기존의 헌법질서 및 국법질서와 다르게 이에 대한 일체의 의견제시나 비판을 하지 못하는 사회로 이끌게 될 것이다.

라. 학력

(1) 차별금지법안 제1항 제1호에서 학력이 차별금지사유로 입안되었는데, 제1호의 '다음 각 호의 어느 하나의 영역에서 특정 개인이나 집단을 분리·구별·제한·배제·거부하거나 불리하게 대우하는 행위'와 결합되어 학력을 통한 최소한의 구별도 금지되게 된다.

평등법안도 제4조 제2항에서 학력을 차별금지사유로 규정하고 있다.

학력이 차별금지법에 포함되어야 한다는 의견은, 그 근거로서, 학력에는 개인의 순수한 노력뿐만 아니라 가정환경 등 기타 상황적 요인까지 영향을 미치므로 학력이 차별금지사유가 되어야 한다고 주장하고 있다.

반대하는 의견들 중에는, 출신학교까지 기록하지 못하게 하면 시험을 통해 뽑을 때 오히려 명문대 집중현상이 커지고, 블라인드 면접에서는 인맥, 가정환경, 부모 등이 중요한 요인으로 적용할 수 있으며, 한국 사회에서 학력은 실력과 유리된 게 아니고, 파벌 개념이 강하고 부패와 연결되는 학벌을 철폐하는 방안부터 고민해야 한다는 주장도 존재한다.

(2) 그런데 애초 교육부는 우리 사회에서 학력 차별은 합리적 차별로 보는 경향이 강하다는 입장이었다가 그 후 논란이 커지자 차별금지법안을 찬성하는 입장으로 선회하였다.

종전의 교육부의 입장은 '(학력은) 성, 연령, 국적, 장애 등과 같이 통상 선천적으로 결정되는 부분이 아니라 개인의 선택과 노력에 따라 상당 부분 성취 정도가 달라진다는 점에서 합리적 차별 요소로 보는 경향이 강하다. 학력을 대신해 개인의 능력을 측정할 수 있는 표준화된 지표가 일반화되지 않은 상황에서 학력에 의한 차별을 법률로 규제하는 건 과도한 규제라는 주장이 제기될 수 있다.'라는 것이었다.

(3) 학력과 관련하여 인권위는 2006년 국민은행의 '개인금융 및 기업금융' 부문 정규직 신입직원 채용 시 응시자격을 4년제 대졸자 또는 동등 이상의 학력자로 제한한 것은 학력을 이유로 한 고용차별에 해당한다고 판단한 바 있다.

이때 인권위는 '4년제 대학 졸업자가 아니더라도 실무경력 및 자기계발을 통해 능력을 향상할 수 있는 가능성이 있음에도 응시자격을 4년제 대졸 학력자로 제한함으로써 정규직 신입사원으로의 입직을 시도할 기회를 원천적으로 차단한 것은 고용차별'이라고 설명하였다.

인권위는, 2014년에는 생산직 신입사원을 채용하면서 지원자격을 고등학교 또는 전문대학 졸업자로 제한한 사례, 2019년 국내 한 언론사가 공개채용 블라인드 테스트[22]로 고졸자를 채용하였으나 호봉 책정에서 낮게 평가한 사례 등에 대해 모두 차별행위라고 판단하였다.

(4) 자유와 평등 중 어느 것을 좀 더 보호할 것인지는 각 국가가 처한 환경에 따라 달라질 수밖에 없다.

그런데 학력과 같은 예민한 문제를 입법화를 위한 충분한 사회적 의견수렴 없이 전면적인 차별금지사유로 입법화하고 또 '분리·구별·제한·배제·거부하거나 불리하게 대우하는 행위'와 같이 규제의 범위를 세계 입법사상 유례없이 고강도로 촘촘하게 규정

---

[22] 블라인드 채용의 부작용에 대하여, 한경 2021. 8. 7.자 사설에서 그 속사정을 언급하였다.
'공공기관들의 지난해 청년(15~34세) 의무고용 실적이 크게 부진한 것으로 나타났다. 정원의 3% 이상을 청년으로 신규 채용해야 하는 436곳 중 67곳(15.4%)이 의무를 이행하지 않았다. 미이행률이 전년(10.6%)보다 4.8%포인트 높다. … 더욱 당혹스러운 점은 의무고용에 실패한 공공기관 4곳 중 1곳이 그 이유로 블라인드 채용방식을 꼽은 점이다. 입사지원서를 통해 출신지 학력 학점 신체조건은 물론이고 나이도 확인할 수 없어 의무고용률 달성에 실패했다니, 무슨 코미디인가 싶을 만큼 허탈하다. … 어려운 필기시험으로 변별력을 강화하다 보니 소위 'SKY 대학' 비중은 그대로고 오히려 고졸 채용만 줄었다. … 더 심각한 문제도 많다. 고도의 전문성이 요구되는 과학기술 연구분야에까지 획일적으로 블라인드 채용이 적용되는 게 대표적이다. 과학기술정보통신부 산하 25개 출연연구기관 연구원 설문조사에서는 응답자 10명 중 7명이 블라인드 채용을 부정적으로 평가했다. 국가보안시설인 한국원자력연구원에 중국인이 합격해 취소되는 소동이 벌어지기도 했다. 블라인드 채용은 문재인 대통령이 대선공약으로 내세워 2017년 공공 부문에 전면 도입됐다. 대통령의 관심사항이라 민간에서도 적용을 확대하는 추세다. 장점이 없는 것은 아니지만 부작용이 속속 드러난 만큼 시급해 개선해야 할 것이다. … 차이를 식별하고 합리적으로 판단해 원하는 인재를 뽑을 수 있는 여건을 마련하는 일은 너무나도 당연한 국가의 의무다.'

하는 것은, 위 (3)항에서와 같이 긍정적으로 바라볼 수 있는 효과도 있지만, 예컨대 대졸공채도 차별행위에 해당할 수 있어서, 동기부여를 통하여 학력의 신장을 꾀하고자 하는 교육정책 그리고 사회적 파급력 등을 감안하면, 과잉입법 또는 입법만능주의의 소산일 것이다.

원칙적으로 학력을 금지사유로 두지 말고 사회를 전방위로 인권위의 통제대상으로 삼지 않으면서도, 인권위가 현재와 같이 문제가 되는 각 사안에 대해서 권고 수준에서 학력으로 인한 병폐를 개선해 나가는 것이 보다 더 합당한 순리일 것이다.

3. 차별금지법안 제2조(정의)에서 근로자 및 사용자 개념의 지나친 확대

가. 차별금지법안 제2조 제11호에서 근로자란 광의의 개념이다.

11. "근로자"란 다음 각 목의 어느 하나에 해당하는 자를 말한다.
가. 직업의 종류를 불문하고 사업 또는 사업장에 임금을 목적으로 근로를 제공하는 자
나. 근로계약을 체결하지 아니한 자라도 특정 사용자의 사업에 편입되거나 상시적 업무를 위하여 노무를 제공하고 그 사용자 또는 노무 수령자로부터 대가를 얻어 생활하는 자
다. 동일 사업장에서 특정 사업자가 다른 사업자들을 사실상 지휘·감독하는 경우, 일방 사업자가 특정 사업자의 사업과 관련이 없는 업무를 수행하는 것임을 입증하지 아니하는 한 그 사업자의 근로자는 특정 사업자의 근로자로 본다.

사용자의 개념 또한, 외국의 입법례, 그리고 차별금지법안이 처음 제정될 때에는 최소한의 규제를 두고 후일 문제점을 반영하여 개정하는 것이 바람직하다는 입법기술상의 유의사항에 비추어도, 매우 넓다.

12. "사용자"란 다음 각 목의 어느 하나에 해당하는 자를 말한다.
가. 사업주 또는 사업경영담당자나 그 밖에 근로자에 관한 사항에 대하여 사업주를 위하여 행위하는 자
나. 근로계약의 체결 여부와 상관없이 해당 근로자의 근로조건 등의 결정에 대하여 사실상 지휘·감독권이 있는 자

나. 근로자, 사용자 개념과 관련하여 외국 입법례들을 살펴보면 아래의 내용이다[23].

---

[23] 이곳의 번역된 법령들은 '각국의 차별금지법(법무부, 2008)'의 내용을 이용하였다.

미국 장애인법	제101조 정의 (4) 근로자 - 근로자는 사용자에 의해 고용된 개인을 의미한다. 외국사업장에 있어서는 미국 국민을 포함한다. (5) 사용자 - (A) 일반원칙 - 사용자는 작년 또는 올해에 있어서 20주 이상의 기간에 걸친 작업일을 위해 15인 이상의 근로자를 고용하여 교역에 영향을 미치는 산업에 참여한 사람 및 그 대리인을 의미한다. 다만 이 법 시행일 이후 2년 동안은 작년 또는 올해에 있어서 20주 이상의 기간에 걸친 작업일을 위해 25인 이상의 근로자를 고용하여 교역에 영향을 미치는 산업에 참여한 사람 및 그 대리인을 의미한다. (B) 예외 - 사용자에는 다음을 포함하지 아니한다. (i) 미국, 미국정부에 의해 완전히 지배되는 회사 또는 인디언 부족 (ii) 1986년 내국세법 제501조 ⓒ항에 의해 면제되는 진정한 사적 회원단체(노동기구 이외)
영국 인종관계법[24]	계약직 근로자에 대한 차별 7. (1) 본 조는, 사업주 자신에 의하여 고용되지 않고 사업주와 체결한 계약에 따라 인력('계약직 근로자')을 공급하는 제3자에 의하여 고용된 계약직 근로자를 필요로 하는 사업주를 위한 노동에 대하여 적용한다. (2) 본 조가 적용되는 노동에서 (a) 사업주가 계약직 근로자에게 부과하는 도급조건에서 (b) 동 노동자에게 도급을 하거나 계속 하게 하지 않음으로써 ⓒ 급부, 시설이나 용역을 제공하는 방법에 있어서, 또는 그러한 것들을 동 노동자에게 제공하기를 거부하거나 고의적으로 제외시킴으로써 (d) 기타 불이익을 입힘으로써 사업주가 계약직 근로자를 차별하는 것은 위법하다. …
영국 인종관계법	(5) 공중 또는 당해 계약직 근로자가 소속되어 있는 공중의 일부를 대상으로 하여 규정된 급부, 시설이나 용역의 제공(유상 또는 무상)과 사업주가 이해관계가 있는 경우에는, 동규정이 실질적으로 계약직 근로자에 대한 사업주의 급부, 시설이나 용역제공과 상이하지 않다면, (2)항 ⓒ호는 급부, 시설이나 용역에 관한 것에는 적용되지 아니한다.

---

24) 2010년 평등법으로 통합된 상태이다.

독일 일반평등대우법	제2절 취업자의 차별로부터의 금지 제1관 차별금지 제6조 (인적 적용범위) ① 이 법률에서 취업자라 함은 1. 근로자 2. 직업훈련생 3. 경제적 비독립성으로 인하여 취업자에 준하는 것으로 볼 수 있는 자. 가내근로자와 이와 동일시 할 수 있는 자가 여기에 속한다. 구직자 및 취업관계가 종료된 자도 취업자에 해당한다. ② 이 절에서 사용자라 함은 제1항에 의해 사람들을 취업시킨 자연인 또는 법인 및 권리능력 있는 사단이다. 취업자가 근로수행을 위해 제3자에게 파견된 때에는 제3자도 이 절의 사용자에 해당한다. 가내근로자에 대하여는 위탁자 또는 중간인수인이 사용자를 대신한다. ③ 취업 및 직업상 승진에 관련된 조건들에 관한 이 절의 규정들은 자영업자와 조직구성원, 특히 지배인과 이사들에게도 적용된다.
EU 지침 (고용 및 직업에 있어 남녀간의 기회균등 및 평등대우원칙의 이행)	제8조(실질적 영역에서의 제외) 1. 이 장은 아래에는 적용되지 않는다. (a) 자영업자를 위한 개인적인 계약; (b) 자영업자를 위한 단독회원제도; ⓒ 사용자가 당사자가 아닌 근로자에 관한 보험 계약; (d) 참여한 사람들에게 다음을 보장하기 위해 개인적으로 부여된 직업적 사회보장제도의 선택조항;

다. 우리나라의 노동법제에서 근로자의 의미는 각 노동법마다 그 범위가 다르다. 예컨대, 근로기준법에서의 근로자는 사용자로부터 지휘·감독을 받는 관계가 인정되어야 하지만 노동조합 및 노동관계조정법에서의 근로자는 '직업의 종류를 불문하고 임금·급여 기타 이에 준하는 수입에 의하여 생활하는 자'로서 해고자나 특수직역의 종사자 등이 포섭되는 광의의 개념이 된다.

그런데 차별금지·평등법안에서의 근로자 및 사용자는 매우 광의의 개념이다. 사실상 위 법의 적용대상이 지나치게 넓어진다. 미국 장애인법에서는 15인 또는 25인 이상의 근로자를 채용하는 사용주를 그 적용대상으로 삼는데, 이는 사적자치의 영역을 존중하기 위함이다.

결국, 차별금지법안에서 근로자와 사용자의 개념을 매우 넓게 규정함으로써, 차별금지법의 직접적인 영향이 미치는 수범대상자가 매우 넓어지게 되었고, 이에 비례하여 인권위의 권한은 더욱 더 커지게 될 수밖에 없다.

차별금지법안에 따라 인권위가 시정명령까지 하게 되는 상황과 연결되면 독립적인 인권위가 이제는 인권에 관한 최고기관으로 자리매김하게 된다.

인권위의 이런 비대해지는 권한에 대하여는, 우리나라 헌법이 보장하는 권력분립의 원칙에 반한다는 의견들도 제시되고 있다.

4. 차별금지법안 제3조 제1항의 지나친 광범위성, 동조 제2항의 '정당한 사유'의 지나친 협소성

가. 차별금지법안은 제3조 제1항에서 차별에 대하여 금지하는 내용을 광범위하게 규정하면서 이에 비하여 동조 제2항에서 차별을 정당화할 수 있는 사유를 지나치게 협소하게 규정하고 있다. 평등법안은 제5조에서 규정하는데 차별금지법안과 큰 차이가 있시는 않다.

> ② 제1항에도 불구하고 다음 각 호의 어느 하나에 해당하는 정당한 사유가 있는 경우에는 차별로 보지 아니한다. 제1항 제6호의 경우 다음 각 호의 정당한 사유는 차별의 원인이 된 모든 사유에 각각 존재하여야 한다.
> 1. 특정 직무나 사업수행의 성질상 그 핵심적인 부분을 특정 집단의 모든 또는 대부분의 사람들이 수행할 수 없고, 그러한 요건을 적용하지 않으면 사업의 본질적인 기능이 위태롭게 된다는 점이 인정되는 경우. 다만, 과도한 부담 없이 수용할 수 있는 경우에는 그러하지 아니하다.
> 2. 현존하는 차별을 해소하기 위하여 특정한 개인이나 집단을 잠정적으로 우대하는 행위와 이를 내용으로 하는 법령의 제정·개정 및 정책의 수립·집행에 해당하는 경우

위 정당화 사유는 협소할 뿐만 아니라 구체적이거나 명확하지도 않다.

나. 아래의 외국의 법제도를 보면, 우리와는 달리 각 세분화된 영역에서 구체적으로 원칙과 예외를 규정하여 법률의 내용을 구체적이고 명확하게 하려는 노력들을 하였다.

1964년도 민권법 제7장	면제 제2000e-1조[702조] (a) 본 장은 사용자가 주 외부에서 외국인을 고용하는 경우 또는 종교 관련 법인·협회·교육기관·단체가 그 활동과 연관된 업무의 수행을 위하여 특정한 종교를 가진 자를 고용하는 경우에는 적용되지 아니한다. …

1991년 미국 민권법	차별적인 연공 시스템을 거부하는 권리의 확대 제112조 [본조는 항의 번호를 변경하고 차별적인 연공 시스템을 거부하는 자들의 권리를 확장하는 내용을 추가하여 1964년 민권법 제706조(e)항을 수정한다.]
미국 장애인법	제103조 항변 (a) 원칙 – … ⓒ 종교적 주체 (1) 원칙 – 본장은 종교적 기업이나 조직, 교육기관 또는 사회단체가 그 업무를 수행하는데 있어 특정 종교를 가진 사람을 고용하는 것을 선호하는 것을 금지하지 아니한다. (2) 종교적 교의 조건 – 본장에서, 종교단체는 모든 지원자나 근로자가 위 단체의 종교적 교의에 따를 것을 요구할 수 있다. 제228조 대중교통 프로그램, 현존하는 시설에서의 활동 및 한 철도 한 객실 원칙 (1) 원칙 – 지정된 대중교통 서비스의 제공을 위해 사용되는 현존하는 시설에 관하여, 이 법 제202조와 1973년 재활법 제504조의 목적에서, 공적주체가 전체적으로 봤을 때 지정된 대중교통 프로그램이나 시설에서 이루어지는 활동이 장애인에게 즉시 접근가능하고, 이용가능하도록 프로그램이나 활동을 운영하지 않는다면 차별로 간주된다. (2) 예외 – 위 (1)호는 제227조 (a)항이나 제227조 (b)항에서 요구되는 정도까지 공적 주체에게 휠체어를 사용하는 사람이 접근가능하도록 현존하는 시설에 구조적 변경을 줄 것을 요구하는 것은 아니다. 제304조 사적주체에 의한 특정 대중교통 서비스에 있어서의 차별금지 (a) 원칙 – 우선적으로 운송사업에 참여하고 그 운영이 교역에 영향을 미치는 사적주체에 의해 제공되는 특정 대중교통 서비스의 완전하고 동등한 향유에 있어서, 어떤 사람도 장애를 이유로 차별을 받아서는 아니된다. … ⓒ 고전적 차량 (1) 예외 – (b)항 (2)호 ⓒ목 또는 (b)호 (7)목에 따르는 것이 고전적 철도여객차량이나 위 차량을 운행하는 철도역의 고전적 특징을 심각하게 변형시키거나 1970년 연방 철도안전법의 규칙, 기준 또는 명령을 위반하는 결과가 될 범위까지 위와 같은 이행이 요구되는 것은 아니다.

미국 고용상 연령차별 금지법	제623조[제4조] ... (f) 사용자, 직업소개기관, 노동단체의 다음과 같은 행위는 위법하지 아니하다. ... (2) 이 조의 (a), (b), ⓒ, (d)항에 금지된 행위가 (A) 연령을 이유로 제631조 (a)항에 의해 특정된 개인의 비자발적인 퇴직을 허용하거나 요구하지 않는 한, 이 장의 목적을 회피하려는 의도가 아닌 진정한 연공 서열제(bona fide seniority system)의 조건을 준수하는 것
영국 성차별금지법	제52조 (국가안보를 위한 예외) ① 제2장 내지 제4장의 어떤 것도 국가안보를 목적으로 한 행위를 위법으로 간주하지 아니한다.
독일 일반 평등대우법	제7조 (차별금지) ① 취업자는 제1조에 열거된 사유를 이유로 차별을 받지 아니한다. 차별행위를 한 자가 차별을 함에 있어서 제1조에 열거된 사유가 존재한다고 오인한 경우도 이와 같다. ② 제1항의 차별금지에 반하는 합의를 내용으로 하는 규정은 효력이 없다. ③ 사용자 또는 취업자에 의한 제1항의 차별은 계약상 의무위반이다. 제8조(직업상 필요에 의해 허용되는 차별대우) ① 제1조에 열거된 사유를 이유로 하는 차별대우가, 수행해야 할 활동의 종류 또는 그 활동 수행의 조건 때문에 본질적이고 결정적인 직업상 필연성이 인정되는 때에는, 그 목적에 적합하고 적정한 범위 내인 경우 허용된다. ② 제1조에 열거된 사유를 이유로 하는 동일 또는 동일 가치의 노동에 대한 저액의 보수합의는 제1조에 열거된 사유를 이유로 한 특별 보호규정을 적용한다는 방식으로는 정당화되지 않는다. 제9조(종교·세계관에 의해 허용되는 차별대우) ① 제8조에도 불구하고 종교단체, 법형식을 불문하고 그 종교단체에 부속된 조직 또는 종교·세계관의 공동 보전을 사명으로 하는 결사가 채용을 함에 있어서는, 특정 종교·세계관이 자기결정권과 관련한 각 종교단체 또는 결사의 자기이해를 고려할 때 정당화될 수 있는 직업상 필연성이 인정되는 경우에는 종교·세계관에 의한 차별대우가 허용된다. ② … 제10조 (연령에 의해 허용되는 차별대우) …

다. 위 외국의 입법례에서 보듯, 사전적으로 분쟁을 예방하거나

또는 분쟁이 발생될 수 있는 상황이 아니라는 점을 쉽게 식별할 수 있도록 차별금지·평등법안을 명확하고도 구체적으로 세분화하여 입법화해야 한다.

그런데 차별금지법안의 정당화사유가 모호하고 지나치게 추상적이어서, 만약 피해자가 차별을 당하였다는 주장을 하면 그 상대방이 정당화사유를 주장하여 인정받기가 매우 곤혹스럽게 될 수밖에 없는 구조이다.

5. 차별금지법안 제6조(차별시정기본계획의 수립) 내지 제9조(국가 및 지방자치단체의 책임)의 문제점

제6조(차별시정기본계획의 수립) ① 정부는 차별금지 및 차별의 예방 등 차별시정을 위한 차별시정기본계획(이하 "기본계획"이라 한다)을 5년마다 수립하여 시행하여야 한다.
② 기본계획에는 다음 각 호의 사항이 포함되어야 한다.
1. 차별시정정책의 기본방향과 추진목표
2. 차별금지 및 구제에 관한 법령·제도 개선사항
3. 제1호의 차별시정정책의 수립 및 달성을 위한 실태조사, 교육훈련, 홍보 등의 조치
4. 그 밖에 대통령령으로 정하는 차별시정을 위한 주요 시책
③ 정부는 기본계획을 수립함에 있어 국가인권위원회가 제7조에 따라 제출하는 권고안을 존중하여야 한다.
④ 제1항의 시행에 필요한 사항은 대통령령으로 정한다.

제7조(기본계획 권고안의 제출) ① 국가인권위원회는 관계 중앙행정기관의 장과 협의하여 기본계획 권고안을 마련하여 제6조의 기본계획 시행 1년 이전까지 대통령에게 제출하여야 한다.
② 제1항의 시행에 필요한 사항은 대통령령으로 정한다.

제8조(중앙행정기관의 장 등의 세부시행계획의 수립 등) ① 중앙행정기관의 장, 특별시장·광역시장·시장·도지사·군수·구청장(자치구에 한한다) 및 시·도교육감은 제6조 제1항의 기본계획에 따른 연도별 세부시행계획을 수립하고, 이에 필요한 행정 및 재정상 조치를 취하여야 한다.
② 시·도교육감은 제1항의 계획을 수립함에 있어서 교육기관의 이용에서 제3조 제1항에서 정한 사유에 따른 차별적인 제도 및 관행의 개선 등 차별시정을 위한 사항을 포함하여야 한다.
③ 국가인권위원회는 제1항의 중앙행정기관의 장 등에게 제1항에서 정한 세부시행계획 이행결과의 제출을 요구할 수 있다.
④ 중앙행정기관의 장 등은 제1항의 세부시행계획 이행결과를 공개해야 한다.

제9조(국가 및 지방자치다체의 책임) 국가 및 지방자치단체는 이 법에 반하는 기존의 법령, 조례와 규칙, 각종 제도 및 정책을 조사·연구하여 이 법의 취지에 부합하도록 시정하여야 한다. 이 경우 사전에 국가인권위원회의 의견을 들어야 한다.

가. 차별금지법안 제6조에서부터 제9조(제2장 국가 및 지방자치단체 등의 차별시정 의무 부분)에 따르면, 정부는 차별시정을 위한 차별시정기본계획을 5년마다 수립하여 시행하여야 하고, 정부가 기본계획을 수립함에 있어서는 인권위가 제7조에 따라 제출하는 권고안을 존중하여야 함을, 중앙행정기관의 장 등의 세부시

행계획의 수립 및 행정 및 재정상 조치를 취하여야 함을, 국가 및 지방자치단체는 이 법에 반하는 기존의 법령, 조례와 규칙, 각종 제도 및 정책을 조사·연구하여 차별금지법안의 취지에 부합하도록 시정하여야 함을 각 의무사항으로 규정하고 있다.

평등법안도 제9조에서 제11조에 걸쳐 같은 취지의 내용들을 규정하고 있다.

나. 위 법안에 의하면 인권위의 권고안이 사실상 정부의견이 되고, 정부의 재정적인 지원도 이어지게 되며, 기존의 법체계도 인권위의 권고안의 방향으로 변화되어 지게 된다.

그런데 인권위는 그동안 우리의 헌법질서와는 다른 내용의 성적지향, 성별정체성에 관한 정책을 펴왔는데, 차별금지·평등법안이 법률로 제정되어지면 이러한 인권위의 정책은 정부기관에 더욱 침투하게 될 수밖에 없다. 우리 사회의 모습이 차별금지법 입법화 이전과 이후로 굉장히 달라지게 될 것이다.

6. 차별금지법안 제3장 차별금지 및 예방조치에서의 문제점

제3장 차별금지 및 예방조치

제1절 고용

제10조(모집·채용상의 차별금지) 사용자는 모집·채용을 할 때에 다음 각 호의 어느 하나의 행위를 하여서는 아니 된다.
1. 성별등을 이유로 모집·채용의 기회를 주지 아니하거나 제한하는 행위
2. 모집·채용 광고 시 성별등을 이유로 한 배제나 제한을 표현하는 행위
3. 서류지원 및 면접 시 직무와 관련 없는 성별등의 정보를 제시요구하거나 채용 시 성별등을 평가 기준으로 하는 행위
4. 채용 이전에 응모자로 하여금 건강진단을 받게 하거나 건강진단 자료 제출을 요구하는 행위. 다만, 직무의 성질상 불가피한 경우는 제외한다.
5. 성별등을 기준으로 채용인원수를 구분하는 행위

제11조(근로계약) ① 근로계약상 성별 등을 이유로 한 차별적인 부분은 무효로 본다.
② 어떤 근로자의 근로계약이 동일한 사용자에게 고용되어 실질적으로 다르지 아니한 직무를 수행하는 다른 근로자의 근로계약보다도 불리한 내용을 포함하고 있는 경우 그러한 근로계약은 차별에 해당하며, 불리하지 아니한 내용으로 수정되는 것으로 간주된다. 다만, 사용자가 성별등을 이유로 한 차별이 아닌 정당한 이유라는 점을 입증하는 경우에는 그러하지 아니하다.

제12조(근로조건) 사용자는 성별등을 이유로 근로조건, 작업환경, 시간외근로, 교대근로, 근로시간단축, 징계를 달리 적용해서는 아니 된다.

제13조(임금·금품 지급상의 차별금지) ① 성별등을 이유로 임금 및 금품을 차등 지급하거나 호봉산정, 연봉 책정 등 임금결정 기준을 다르게 정하거나 적용하여서는 아니 된다.
② 근로자가 유사한 직무를 수행하는 다른 근로자에게 지급되는 것과 임금이 차등 지급된 경우 차별로 간주된다.
③ 제2항의 유사한 직무란 다음 각 호의 어느 하나에 해당하는 경우를 말한다.
1. 두 근로자가 동일 내지 비슷한 조건하에서 상호 대체가 가능한 동일한 작업을 수행하는 경우
2. 어떤 근로자가 수행하는 작업이 다른 근로자가 수행하는 작업과 유사한 성질을 갖고 있고, 각자가 행하는 작업이나 작업수행조건 사이의 차이가 해당 작업 전체적으로 볼 때 작거나 유의미하지 아니한 경우
3. 어떤 근로자가 행하는 작업이 기술, 신체적 내지 정신적 요구, 책임, 근무조건 등에 비추어 다른 근로자가 행하는 작업과 동일한 가치를 갖는 경우
④ 사용자 및 임용권자는 제2항의 차별을 해소하기 위하여 기존의 임금수준을 저하시키거나 임금산정 기준 및 임금체계를 하향평준화해서는 아니 되며, 근로자가 행하는 업무의 가치에 비례하여 임금이 지급되도록 해야 한다.
⑤ 단체협약의 규정이 성별등을 이유로 임금액의 차이를 정한 경우 그 규정은 무효로 본다.

제14조(임금 외의 금품 등) 사용자는 임금 외에 근로자의 생활을 보조하기 위한 금품의 지급 또는 자금의 융자 등 복리후생에 있어서 성별등을 이유로 차별하여서는 아니 된다.

제15조(교육·훈련상의 차별금지) ① 사용자는 성별등을 이유로 교육·훈련에서 배제·구별하거나 직무와 무관한 교육·훈련을 강요하여서는 아니 된다.
② 사용자 및 임용권자는 성별등 차별금지사유를 이유로 교육·훈련에 따른 보상과 기타 편의제공 등에서 차별하여서는 아니 된다.
제16조(배치상의 차별금지) 사용자는 배치를 할 때에 다음 각 호의 어느 하나에 해당하는 행위를 하여서는 아니 된다.
1. 성별등을 이유로 특정 직무나 직군에서 배제하거나 편중하여 배치하는 행위
2. 성별등을 이유로 특정 보직을 부여하지 아니하거나 근무지를 부당하게 변경하는 행위
제17조(승진상의 차별금지) 사용자는 성별등을 이유로 승진에서 배제하거나 승진 조건·절차를 달리 적용하여서는 아니 된다.
제18조(해고·퇴직 등의 차별금지) 사용자는 성별등을 이유로 퇴직을 강요하거나 해고를 하여서는 아니 된다.
제19조(노동조합에서의 차별금지) 노동조합은 성별등을 이유로 해당 단체에의 가입이나 단체가 제공하는 이익, 해당 직업에의 입직이나 직업수행과 관련하여 차별하여서는 아니 된다.
제20조(직업소개기관 등)「직업안정법」제2조의2에 따른 직업안정기관, 직업소개사업 및 근로자공급사업, 직업정보제공사업 등 고용서비스 업무를 수행하는 기관은 해당 기관으로부터 서비스를 제공받거나 제공받고자 하는 자에 대하여 성별등을 이유로 차별하여서는 아니 된다.

제2절 재화·용역 등의 공급이나 이용

제21조(금융서비스 공급·이용의 차별금지) 금융서비스의 공급자는 성별등을 이유로 금융기관의 대출, 신용카드 발급, 보험 가입, 그 밖에 금융서비스의 공급·이용에서 불리하게 대우하거나 제한하여서는 아니 된다.
제22조(교통수단·상업시설 공급·이용의 차별금지) 교통수단·상업시설의 공급자는 성별등을 이유로 교통수단의 이용을 제한·거부하거나 상업시설의 사용·임대·매매를 거부하여서는 아니 된다.
제23조(토지·주거시설 공급·이용의 차별금지) 토지·주거시설의 공급자는 성별등을 이유로 토지 또는 주거시설의 공급·이용에서 배제·제한을 하여서는 아니 된다.
제24조(보건의료서비스 공급·이용의 차별금지) ①「보건의료기본법」제3조 제3호 및 제4호에 따른 보건의료인(이하 "보건의료인"이라 한다) 및 보건의료기관(이하 "보건의료기관"이라 한다)은 성별등을 이유로 환자에 대하여 치료·간호·예방·관리 및 재활, 그 밖에 보건의료서비스의 공급·이용에 있어 차별해서는 아니 된다.
　② 보건의료인 및 보건의료기관은 성별등을 이유로 보건의료서비스의 공급·이용·연구·교육 등에 있어 차별해서는 아니 되며, 의료서비스의 공급·이용에 있어 성별등에 적합한 의료정보 등의 필요한 사항을 환자에게 제공해야 한다.
제25조(문화 등의 공급·이용의 차별금지) 문화·체육·오락, 그 밖의 재화·용역(이하 "문화 등"이라 한다)의 공급자는 성별등을 이유로 문화 등의 공급·이용에서 배제·제한하여서는 아니 된다.
제26조(시설물 접근·이용의 차별금지) 시설물의 소유·관리자는 성별등을 이유로 해당 시설물의 접근·이용·임대·매매에 있어서 차별해서는 아니 된다.
제27조(관광서비스의 공급·이용의 차별금지) 국가와 지방자치단체 및「관광진흥법」제2조 제2호에 따른 관광사업자는 성별등을 이유로 운송·숙박·음식·오락·휴양 및 용역 제공, 그 밖에 관광부대시설의 공급·이용에 있어 차별해서는 아니 된다.

제28조(정보통신서비스 공급·이용의 차별금지) 「정보통신망 이용촉진 및 정보보호 등에 관한 법률」 제2조 제1항 제3호에 따른 정보통신서비스 제공자는 성별등을 이유로 인터넷, 소셜미디어, 전기통신 등 정보통신서비스의 공급·이용에 있어 차별해서는 아니 된다.
제29조(방송서비스 공급·이용의 차별금지) 신문기사, 광고, 「방송통신발전 기본법」 제2조 제2호에 따른 방송통신콘텐츠를 제작하거나 공급하는 자는 성별등을 이유로 방송서비스의 제작·공급·이용에 있어 차별해서는 아니 된다.
제30조(단체 등의 운영에서의 차별금지) ① 다음 각 호의 어느 하나에 해당되는 단체(이하 "단체 등"이라 한다)는 성별등을 이유로 단체 등의 가입을 거절하거나 가입에 있어 불리한 조건을 붙이거나 구성원 자격을 제한·박탈하는 등 단체 등의 가입·활동·이익 공여에 있어 차별하여서는 아니 된다. 다만, 정관으로 정하는 바에 따라 구성원의 자격을 제한한 경우로서 이 법에서 금지하는 차별을 조장하거나 선동하기 위한 목적이나 효과가 없는 경우는 차별로 보지 아니한다.
1. 「법인세법 시행령」에 따라 지정기부금단체등으로 지정된 단체
2. 「비영리민간단체 지원법」에 따른 비영리민간단체
3. 「협동조합 기본법」에 따른 사회적협동조합
4. 「정당법」에 따른 정당
5. 그 밖에 국가기관 및 지방자치단체의 출자·출연·보조를 받는 등 공공성이 인정되는 단체
② 제1항 제5호의 적용기준에 대해서는 대통령령으로 정한다.

제3절 교육기관의 교육·직업훈련

제31조(교육기회의 차별금지) ① 교육기관의 장은 성별등을 이유로 교육기관에 지원·입학·편입을 제한·금지하거나 교육활동에 대한 지원을 달리하거나 불리하게 하여서는 아니 된다.
② 교육기관의 장은 성별등을 이유로 전학·자퇴를 강요하거나 퇴학 등의 불이익 조치를 하여서는 아니 된다.
제32조(교육내용의 차별금지) 교육기관의 장은 다음 각 호의 어느 하나에 해당하는 행위를 하여서는 아니 된다.
1. 교육목표, 교육내용, 생활지도 기준이 성별등에 대한 차별을 포함하는 행위
2. 성별등에 따라 교육내용 및 교과과정 편성을 달리하는 행위
3. 성별등을 이유로 특정 개인이나 집단에 대한 혐오나 편견을 교육내용으로 편성하거나 이를 교육하는 행위
4. 그밖에 교육내용 등에 있어 성별등을 이유로 불리하게 대우하거나 현존하는 차별을 유지·심화하는 행위
제33조(학교활동 및 교육서비스의 차별금지) 교육책임자와 교육담당자는 성별등을 이유로 수업이나 실험·실습, 현장견학, 수학여행 등 교육시설 내외의 활동과 건강검사, 급식 기타 혜택 등 복리 및 서비스 제공, 생활기록부 작성, 평가, 징계 등 생활지도 기준에 있어 차별해서는 아니 된다.
제34조(교육기관의 장의 편의제공 의무) 교육기관의 장은 피교육자가 동등한 교육을 받을 수 있도록 시설 및 교구 등에 있어 대통령령으로 정하는 편의를 제공하여야 한다. 다만, 운영상의 과도한 부담이 인정되는 경우에는 그러하지 아니하다.
제35조(교육책임자 등의 의무) ① 국가기관의 장은 이 법의 목적을 달성하기 위해 필요한 교육 정책, 제도, 인력 등을 마련하여야 한다.
② 국가기관의 장은 교육기관 내에 차별 없는 환경을 조성하기 위한 정책·제도의 수립 등 필요한 조치를 취하여야 한다.

제36조(자격증 및 교육훈련에서의 차별금지) 「자격기본법」 제11조, 제17조에 따른 국가자격을 신설·관리·운영하는 자는 자격증의 취득·자격검정, 자격을 취득하기 위한 교육훈련의 제공 등에 있어 성별등을 이유로 다음 각 호를 포함한 차별을 해서는 아니 된다.
1. 자격증 취득에 있어 해당 자격과 무관한 성별등을 설정하는 행위
2. 성별등을 이유로 자격 검정, 교육훈련 제공에 있어 차별하거나 해당 자격과 무관한 자격 검정, 교육훈련을 요구하는 행위

제4절 행정서비스 등의 제공이나 이용

제37조(참정권 및 행정서비스 이용 보장 의무) ① 국가 및 지방자치단체는 성별등을 이유로 개인이나 집단이 참정권 행사와 행정서비스 이용에서 차별받지 아니하도록 필요한 서비스 제공 등의 조치를 하여야 한다.
② 제1항의 필요한 서비스 제공 등의 조치는 대통령령으로 정한다.
제38조(수사·재판상의 동등대우) 수사·재판 절차 및 서비스에 있어 관련 기관은 성별등을 이유로 특정 개인이나 집단이 차별을 받지 않도록 하여야 하며, 이를 위하여 대통령령으로 정하는 편의를 제공하여야 한다.
제39조(사용자의 편의제공 의무) 사용자는 장애나 특정 신체조건을 가진 자 등이 장애인이 아닌 자 등과 동등한 근로조건에서 근로할 수 있도록 대통령령에서 정하는 수단을 제공하여야 한다. 다만, 경영상 과도한 부담이 입증되는 경우에는 그러하지 아니하다.
제40조(방송서비스 제공의 의무) 대통령령으로 정하는 방송은 청각장애인, 시각장애인에게 자막, 문자, 한국수어 통역, 음성서비스 등의 적절한 서비스를 제공하여야 한다.

가. 차별금지법안 제3장에서 규정하는 고용, 재화·용역의 공급이나 이용, 교육기관의 교육·직업훈련, 행정·사법절차 및 서비스의 제공·이용에 있어서 차별을 금지하는 사유의 폭이 지나치게 넓고, 이에 대한 구체적인 예외사유를 두고 있지 않다.[25]

그래서, 특히 정보를 제공하거나 정보의 제공을 매개하는 자의 경우에는 수많은 혹은 무제한적인 차별의 표지로 인하여 영업을 이행하는 것이 불가능한 경우가 발생할 수 있음이 지적되

---

25) 차별금지법의 제정을 찬성하는 자료들 중 예컨대 '왜 차별금지법인가'(이주민, 북 저널리즘)에서는 '내용을 곰곰이 살펴보면 차별금지법은 굉장히 간단한 법이다. 고용, 경제관계, 교육, 정부 서비스 네 가지 공적인 영역에서만 차별이 제한된다. 개인의 신앙, 양심, 표현 등 사적인 영역에는 일절 영향을 미치지 않는다'라고 주장하고 있으나(85면), 굉장히 부적절한 주장이다. 수인한도를 넘는 방사효과를 가지고 있다.

고 있다.[26]

예를 들어, 까다로운 가입조건을 가진 결혼중개를 위한 웹 혹은 앱을 운영하는 정보통신서비스제공자는 법률안이 입법화되면 영업이 불가능할 수 있다고 한다.

현재 인권위의 권고에 따라 각 기업들은 산입사원모집요강에 특별한 제한을 하지 않고서 시험 등을 거쳐 선발하는데, 이로 인하여 종전과 달리 그 선발기간이 장기화되고 비용이 증가하는 문제점이 지적되는 현실이다.

이러한 법률안들과는 달리 독일의 일반평등대우법은 여러 방식으로 허용되는 차별을 가능하게 하고 있는데[27], 만약 위 법안 내용이 법제화된다면 사법 영역의 특수성을 고려하지 않고서 공법영역에서 적용되는 평등의 원칙을 차별이 원칙인 사법 영역에 그대로 적용하는 결과가 될 것이다.[28]

즉, 결과적으로 일체의 차별을 금지시키는 일종의 포지티브

---

26) 위 사법상 차별금지와 허용되는 차별대우, 박신욱, 51면
저자는, '우리 입법안과 같이 다양한 예외적인 상황을 염두에 두지 못한 채 차별만을 단순히 금지하는 것은 결국 모든 사람을 동일하게 평가하겠다는 것으로 밖에 볼 수 없다'고 진단하고 있다.

27) 독일 일반평등대우법 제5조에 따르면 차별의 표지에 해당한다 하더라도 현존하는 차별을 해소 또는 완화하기 위한 적합·적정한 조치로서 행하여지는 차별적 대우는 허용되고, 더욱이 적용범위를 한정함으로써 사법영역으로의 적용가능성을 매우 제한하고 있고, 이외에도 취업자에 대하여 허용되는 차별을 제8조 내지 제10조에서 규정하고 있다. 사법상 차별금지와 허용되는 차별대우 - 독일 일반평등대우법(AGG)을 중심으로, 박신욱, 민사법학(94), 2021. 3. 69면
'모든 법규는 평가를 하며, …모든 사실상의 차이를 법적으로 중요하지 아니한 현상으로 도외시할 수 있는 법 개념은, 그것이 가장 철저한 평등개념일지라도 하나도 없다. […] 다만 오늘날의 기술화된 사고에 따라서 논리적 보편성이나 수학적 평등개념과 법학적 정당성이 심상치 않게 혼동되어 버리고 있다.' 위 논문 72면, Heller의 논문에서 인용.

28) 위 논문, 71면

(Positive) 방식의 입법이어서, 시민사회의 경제적 활동을 극도로 통제하게 된다.

이러한 방식의 입법으로 인한 폐해는 성적지향 등에 대한 비판이 금지되는 것으로 초래되는 양심과 종교의 자유에 대한 폐해와 함께 차별금지법안의 대표적인 부작용들이 될 것이다.

나. 그런데 우리나라는 기존의 개별적 법령들에서 이미 차별을 금지하고 있고, 또 이들 개별 법률들에서는 실효성 있는 제재수단도 마련되어 있다.

성별 관련하여서는 양성평등기본법, 남녀고용평등과 일-가정 양립 지원에 관한 법률('남녀고용평등법'), 경력단절여성등의 경제활동 촉진법(경력단절여성법) 등이, 장애 관련하여서는 장애인차별금지 및 권리구제에 관한 법('장애인차별금지법'), 장애인-노인-임산부 등의 편의증진보장에관한법률('장애인등편의법'), 장애인복지법 등이, 연령과 관련해서는 고용상연령차별금지 및 고령자고용촉진에관한법률('고령자고용법') 등이 있다.[29]

국적 관련해서는 외국인근로자의 고용 등에 관한 법률('외국인고용법'), 재한외국인처우기본법('외국인처우법') 등이, 근로 관련해서는 근로기준법, 기간제 및 단시간근로자 보호 등에 관한

---

29) 이들 법률 이외에도 5-18 민주유공자 예우에 관한 법률, 국가유공자 등 예우 및 지원에 관한 법률, 민주화운동관련자 명예회복 및 보상등에 관한 법률, 건설근로자의 고용개선 등에 관한 법률 등 다수의 법률들이 차별금지에 관련된 법률들로 제시되고 있다. (차별금지법, 이준일, 고려대학교 출판부, 171면 이하)

법률('기간제법') 등이, 성적지향을 차별금지사유로 명시한 법률로는 형의 집행 및 수용자의 처우에 관한 법률('형집행법'), 군에서의 형의 집행 및 군수용자의 처우에 관한 법률('군형집행법') 등이 있다.

문화 분야에서는 문화다양성의 보호와 증진에 관한 법률('문화다양성법'), 교육기본법이, 의료 분야에서는 후천성면역결핍증 예방법('에이즈예방법') 등이, 행형 영역에서는 형집행법, 군형집행법 등이 있다.

이들의 관련된 내용을 표로 정리하면 다음과 같다[30].

법률	해당 규정	차별사유	차별영역	시정조치
남녀고용평등법	제2조(정의) 이 법에서 사용하는 용어의 뜻은 다음과 같다. 1. 차별이란 사업주가 근로자에게 성별, 혼인, 가족 안에서의 지위, 임신 또는 출산 등의 사유로 합리적인 이유 없이 채용 또는 근로의 조건을 다르게 하거나 그 밖의 불리한 조치를 하는 경우{사업주가 채용조건이나 근로조건은 동일하게 적용하더라도 그 조건을 충족할 수 없는 남성 또는 여성이 다른 한 성(性)에 비하여 현저히 적고 그에 따라 특정 성에게 불리한 결과를 초래하여 그 조건이 정당한 것임을 증명할 수 없는 경우를 포함한다}를 말한다.	성별, 혼인, 가족 안에서의 지위, 임신 또는 출산 등	경제	각종 차별행위에 대한 형사처벌 및 과태료

---

30) 음선필, 포괄적 차별금지법에 대한 헌법적 평가, 홍익법학 제21권 제3호 (2020) 제132면 참조.

장애인 차별 금지법	제4조(차별행위) ① 이 법에서 금지하는 차별이라 함은 다음 각 호의 어느 하나에 해당하는 경우를 말한다. 1. 장애인을 장애를 사유로 정당한 사유 없이 제한-배제-분리-거부 등에 의하여 불리하게 대하는 경우 2. 장애인에 대하여 형식상으로는 제한-배제-분리-거부 등에 의하여 불리하게 대하지 아니하지만 정당한 사유 없이 장애를 고려하지 아니하는 기준을 적용함으로써 장애인에게 불리한 결과를 초래하는 경우	장애	모 든 영역	인권위의 권고, 법무부 장관의 시정 명령, 법원의 손해배상 판결 및 악의적 차별행위에 대한 형사처벌
고령자 고용법	제4조의4(모집-채용 등에서의 연령차별금지) ① 사업주는 다음 각 호의 분야에서 합리적인 이유 없이 연령을 이유로 근로자 또는 근로자가 되려는 자를 차별하여서는 아니 된다. 1. 모집-채용 2. 임금, 임금 외의 금품 지급 및 복리후생 3. 교육-훈련 4. 배치-전보-승진 5. 퇴직-해고	연령	경제	인권위의 권고, 고용노동부장관의 시정명령, 차별행위에 대한 벌금, 보복행위에 대한 형사처벌
근로 기준법	제6조(균등한 처우) 사용자는 근로자에 대하여 남녀의 성을 이유로 차별적 대우를 하지 못하고, 국적-신앙 또는 사회적 신분을 이유로 근로조건에 대한 차별적 처우를 하지 못한다.	성별, 국적, 신앙 또는 사회적 신분	경제	벌금(500만원 이하)

법률	조문	차별금지 사유	영역	구제
기간제법	제8조(차별적 처우의 금지) ① 사용자는 기간제근로자임을 이유로 당해 사업 또는 사업장에서 동종 또는 유사한 업무에 종사하는 기간의 정함이 없는 근로계약을 체결한 근로자에 비하여 차별적 처우를 하여서는 아니된다. 제2항 사용자는 단시간근로자임을 이유로 당해 사업 또는 사업장의 동종 또는 유사한 업무에 종사하는 통상근로자에 비하여 차별적 처우를 하여서는 아니 된다.	근로형태	경제	고용노동부 장관의 시정요구, 노동위원회의 조정·중재, 시정명령(징벌적 배상 포함), 보복행위에 대한 형사처벌
외국인 고용법	제22조(차별 금지) 사용자는 외국인근로자라는 이유로 부당하게 차별하여 처우하여서는 아니된다.	국적	경제	-
문화 다양성법	제3조(국가 및 지방자치단체의 책무) ③ 국가와 지방자치단체는 국적-민족-인종-종교-언어-지역-성별-세대 등에 따른 문화적 차이를 이유로 문화적 표현과 문화예술 활동의 지원이나 참여에 대한 차별을 하여서는 아니 된다.	국적, 민족, 인종, 종교, 언어, 지역, 성별, 세대	문화	-
형집행법	제5조(차별금지) 수용자는 합리적인 이유 없이 성별, 종교, 장애, 나이, 사회적 신분, 출신지역, 출신국가, 출신민족, 용모 등 신체조건, 병력, 혼인여부, 정치적 의견 및 성적 지향 등을 이유로 차별받지 아니한다.	성별, 종교, 장애, 나이, 사회적 신분, 출신지역, 출신국가, 출신민족, 용모 등 신체조건, 병력, 혼인여부, 정치적 의견 및 성적 지향 등	행형	-
교육 기본법	제4조(교육의 기회균등) ① 모든 국민은 성별, 종교, 신념, 인종, 사회적 신분, 경제적 지위 또는 신체적 조건 등을 이유로 교육에서차별을 받지 아니한다.	성별, 종교, 신념, 인종, 사회적 신분, 경제적 지위 또는 신체적 조건 등	교육	-

위 표상의 우리나라의 개별적 차별금지법규들은 이미 자체적으로 구제조치 또는 제재수단을 마련하고 있다.[31]

예컨대, 남녀고용평등법 제37조에 의하면 근로자의 정년-퇴직 및 해고에서 남녀를 차별하거나 여성 근로자의 혼인, 임신 또는 출산을 퇴직사유로 예정하는 근로계약을 체결하는 경우에는 5년 이하의 징역 또는 3천만원 이하의 벌금에 처해진다.

그리고 차별금지법안을 찬성하는 의견들에 의하면 인권위가 권고만을 할 수 있어서 차별을 시정하는 권한이 미약하다고 주장하지만 이미 국가인권위원회법에서 허용된 권한도 상당하다.

국가인권위원회법
진정에 따라 또는 직권으로 차별행위를 조사하고 일정한 경우 질문하거나 검사할 수 있다. 조사결과에 따라 구제조치를 제시하며 당사자의 합의를 권고하고(인권위법 제40조), 조정절차를 진행하거나 아니면 조정에 갈음하는 결정을 할 수 있다(동법 제42조). 또한 차별행위로 판단할 경우에는 적절한 구제조치의 이행, 법령-제도-정책-관행의 시정 또는 개선을 권고할 수 있다(동법 제44조). 만약 차별행위가 범죄행위에 해당하고 이에 대해 형사처벌이 필요하다고 판단하면, 그 내용을 고발하거나 해당자의 징계를 권고할 수 있다(동법 제45조). 이외에도 인권위는 피해자를 위하여 법률구조를 요청하거나, 피진정인 등에게 일정한 긴급구제 조치를 권고할 수 있다(동법 제47조 및 제48조).

---

31) 이상의 논의 이외에도, 차별금지법 제정 추진상 쟁점 및 과제, 홍관표, 저스티스, 2013. 12. 315면 이하에서 언급되는 '차별금지에 관하여 구제조치규정을 두고 있는 주요 국내법률'은 아래의 내용이다.
고용상 연령차별금지 및 고령자고용촉진에 관한 법률 제4조의6, 장애인차별금지 및 권리구제 등에 관한 법률 제41조 제2항, 국가인권위원회법 제44조 제1항, 결혼중개업의 관리에 관한 법률 제18조 제1항 제16호, 제12조 제1항, 고용상 연령차별금지 미치 고령자고용촉진에 관한 법률 제4조의7, 기간제 및 단시간근로자 보호 등에 관한 법률 제12조, 농수산물유통 및 가격안정에 관한 법률 제82조 제2항 제17호, 제38조, 독점규제 및 공정거래에 관한 법률 제24조, 제23조 제1항 제1호, 제24조의2, 장애인차별금지 및 권리구제 등에 관한 법률 제43조, 전기사업법 제23조, 제21조 제1항 제2호, 제24조, 전기통신사업법 제52조, 제50조 제1항 제1호, 제53조, 전자서명법 제11조 제5호, 제7조 제2항, 제12조, 제34조 제1항 제2호, 파견근로자보호 등에 관한 법률 제21조, 결혼중개업의 관리에 관한 법률 제26조 제2항 제6호, 제12조 제1항, 고용상 연령차별금지 및 고령자고용촉진에 관한 법률 제23조의3 제2항, 제4조의4 제1항 제1호, 근로기준법 제114조 제1호, 제6조, 남녀고용평등과 일·가정 양립 지원에 관한 법률 제37조 제2항 제1호, 제8조 제1항, 생명윤리 및 안전에 관한 법률 제67조 제1항 제4호, 제46조 제1항.

다. 외국의 입법례를 보면, 포괄적 차별금지법을 입법하면서 종전의 개별적 차별금지법을 흡수하여 정리한 사례들이 많이 존재한다.

(1) 독일은 일반적 동등대우법(Allgemeine Gleichbehandlungsgesetz : AGG)을 2006. 8월 제정하였는데, AGG는 노동법·민법·공무원법 및 사회보장법 등과 모두 관계하는 통합법으로 유럽연합의 네 개의 반차별지침의 내용을 모두 포괄하여 하나의 법률로 구성하였다.

(2) 스웨덴은 2009년 새로이 개정된 차별금지법을 시행하였다. 이 차별금지법은 스웨덴 사회에서 발생하는 각종 차별을 금지 및 방지하고 성별, 트렌스젠더 및 성 정체성의 표현, 민족, 인종, 종교 및 신념, 장애, 성적 지향, 나이에 관계없이 동등한 권리와 기회를 제공하는 것을 목적으로 삼고 있다.

이 차별금지법은 동등기회법(1991), 인종과 종교 관련 직장 내 차별방지법(1999), 장애와 관련 직장 내 차별방지법(1999), 성적 지향성 관련 직장 내 차별방지법(1999), 대학생의 동등한 처우를 위한 법(2001), 차별방지법(2003), 아동과 학생들을 차별하거나 학대하는 행위를 금하는 법(2006) 등을 통합하여 만든 법이다.

(3) 영국도 2010년 평등법(Equality Act 2010)을 제정할 때, 차별철폐를 위한 과거 여러 개의 개별적 법률과 규정을 통합하고, 보완하는 목적으로 제정하였다.

즉, 이 법은 1970년 동일임금법, 1975년 성차별금지법, 1976년 인종관계법, 1995년 장애인차별금지법 및 종교 및 신념, 성적 지향, 연령을 이유로 한 고용차별을 규제하는 규정 등을 하나의 법률로 통합한 것이다.

(4) 이처럼 우리나라도 포괄적인 차별금지법을 만들 때에는 중복 적용을 제외하기 위하여 기존의 각 개별적 차별금지법들을 함께 정비하는 것이 타당할 것이지만, 현재의 차별금지·평등법안에서는 이에 대한 검토가 전적으로 누락되어 있다.

라. (1) 차별금지법안 제11조 제2항의 '어떤 근로자의 근로계약이 동일한 사용자에게 고용되어 실질적으로 다르지 아니한 직무를 수행하는 다른 근로자의 근로계약보다도 불리한 내용을 포함하고 있는 경우 그러한 근로계약은 차별에 해당하며, 불리하지 아니한 내용으로 수정되는 것으로 간주된다. 다만, 사용자가 성별 등을 이유로 한 차별이 아닌 정당한 이유라는 점을 입증한 경우에는 그러하지 아니하다.'라는 부분도 법률적 문제점이 지나치게 큰 부분이다.

근로자들에 의한 차별금지법에 따른 분쟁의 제기가 빈번해지고, 또 법원의 판단을 받기도 전에 불리하지 않은 내용으로 수정되는 것으로 간주되므로, 국회를 통과하면 개인이나 사업체의 의사결정 여지가 당연히 축소될 것이다.

(2) 제32조(교육내용의 차별금지)에서는 교육기관의 장은 '1.

교육목표, 교육내용, 생활지도 기준이 성별 등에 대한 차별을 포함하는 행위 2. 성별등에 따라 교육내용 및 교과과정 편성을 달리하는 행위 3. 성별 등을 이유로 특정 개인이나 집단에 대한 혐오나 편견을 교육내용으로 편성하거나 이를 교육하는 행위 4. 그밖에 교육내용 등에 있어 성별 등을 이유로 불리하게 대우하거나 현존하는 차별을 유지·심화하는 행위'를 하지 못하게 되어 있다.

위 내용은 성평등으로 이끄는 이데올로기적인 규정으로 해석되는데, 위 내용에 의하면 남학생과 여학생을 성별로 구별하는 것도 금지사항이 된다.

현재 우리나라의 여성가족부나 인권위 등은 이미 젠더 이데올로기에 경도된 인권운동가들이 포진하고 있고, 이들은 그 동안 학교 교육뿐만 아니라 사회 전방위적으로 우리의 헌법질서와 상치하는 젠더 이데올로기에 입각한 성교육 및 여러 정책을 시행해 해왔는데, 차별금지·평등법안이 통과되면 전통적인 성도덕 등에 관한 교육 중 상당부분은 금지될 수밖에 없을 것이다.

외국의 사례를 보면, 캐나다에서 3학년 때(만 8세) 동성결혼이 정상이라고 배우며, 6학년(만 12세)에는 자위행위를 배우고, 7학년(만 13세)에는 구강성교와 항문성교를 배우는 것, 그리고 미국 유치원에서 5세 어린이에게 동성애 관련 교육을 시킨다고 보고되고 있는데, 우리나라도 차별금지법이 국회를 통과한다면 이들 나라와 동일하거나 유사한 성애화, 성평등 교육이 시행될 것으로 예상된다.

7. 차별 구제 방법으로서 제42조(시정명령), 제44조(이행강제금), 제50조(법원의 구제조치), 제51조(손해배상), 제52조(증명책임) 등에서의 문제점

차별금지법안
제42조(시정명령) ① 위원회는 이 법이 금지하는 차별행위로 국가인권위원회법 제44조의 권고를 받은 자가 정당한 사유 없이 권고를 이행하지 아니하는 경우 피해자의 신청에 의하여 또는 직권으로 시정명령을 할 수 있다.
② 위원회는 제1항에 따른 시정명령으로서 이 법에서 금지되는 차별행위를 한 자(이하 "차별행위자"라 한다)에게 다음 각 호의 조치를 명할 수 있다.
1. 차별행위의 중지
2. 피해의 원상회복
3. 차별행위의 재발방지를 위한 조치
4. 그 밖에 차별시정을 위하여 필요한 조치
③ 위원회는 제1항 및 제2항에 따른 시정명령을 서면으로 하되, 그 이유를 구체적으로 명시하여 차별행위자와 피해자에게 각각 교부하여야 한다.
④ 차별시정에 필요한 조치를 명하는 기간, 절차, 방법 등에 관하여 필요한 사항은 대통령령으로 정한다.

제44조(이행강제금) ① 위원회는 제42조의 시정명령을 받고 그 정한 기간 내에 시정명령의 내용을 이행하지 아니한 자에 대하여 3천만원 이하의 이행강제금을 부과할 수 있다.
② 제1항에 의하여 이행강제금을 부과하는 경우 위원회는 이행강제금의 금액·부과사유·납부기한 및 수납기관·이의제기 방법 및 이의제기 기관 등을 명시한 문서로써 하여야 한다.
③ 위원회는 시정명령을 받은 자가 계속하여 시정명령의 내용을 이행하지 않는 경우 대통령령으로 정하는 바에 따라 해당 내용이 이행될 때까지 제1항에 따른 이행강제금을 다시 부과할 수 있다.
④ 이행강제금의 부과, 징수, 납부, 환급, 이의제기 절차에 관해서는 대통령령으로 정한다.

제50조(법원의 구제조치) ① 법원은 이 법에 의해 금지된 차별행위에 관한 소송이 제기되기 전 또는 소송 제기 중에, 피해자의 신청으로 피해자에 대한 차별이 소명되는 경우 본안 판결 전까지 차별행위의 중지 등 그 밖에 적절한 임시조치를 명할 수 있다.
② 법원은 피해자의 청구에 따라 차별적 행위의 중지, 임금, 그 밖에 근로조건의 개선, 그 시정을 위한 적극적 조치 및 손해배상 등의 판결을 할 수 있다.
③ 제2항과 관련하여 법원은 차별행위의 중지, 원상회복, 그 밖에 차별시정을 위한 적극적 조치가 필요하다고 판단하는 경우에 그 이행 기간을 밝히고, 이를 이행하지 아니하는 때에는 늦어진 기간에 따라 일정한 배상을 하도록 명할 수 있다. 이 경우 민사집행법 제261조를 준용한다.

제51조(손해배상) ① 이 법을 위반하여 타인에게 손해를 가한 자는 그 피해자에 대하여 손해배상의 책임이 있다. 다만, 차별행위를 한 자가 고의 또는 과실이 없음을 증명한 경우에는 그러하지 아니하다.

② 이 법을 위반한 행위로 인하여 손해가 발생된 것은 인정되나, 차별행위 피해자가 재산상 손해를 입증할 수 없을 경우에는 차별행위를 한 자가 그로 인하여 얻은 재산상 이익을 피해자가 입은 재산상 손해로 추정한다.
③ 이 법에서 금지한 차별행위가 악의적인 것으로 인정되는 경우, 법원은 차별행위를 한 자에 대하여 제2항에서 정한 재산상 손해액 이외에 손해액의 2배 이상 5배 이하에 해당하는 배상금을 지급하도록 판결할 수 있다. 다만, 배상금의 하한은 500만 원 이상으로 정한다.
④ 제3항의 "악의적"이란 다음 각 호의 사항을 고려하여 판단하여야 한다.
1. 차별행위의 고의성
2. 차별행위의 지속성 및 반복성
3. 차별피해자에 대한 보복성
4. 차별 피해의 내용 및 규모
⑤ 제1항을 적용함에 있어서는 민법 제756조, 제757조, 제760조의 규정을 준용한다.

제52조(증명책임) 이 법률과 관련한 분쟁해결에 있어, 차별행위가 있었다는 사실을 피해자가 주장하면 그러한 행위가 없었다거나, 성별 등을 이유로 한 차별이 아니라거나, 정당한 사유가 있었다는 점은 상대방이 입증하여야 한다.

가. (1) 인권위에게는 차별금지법안 제42조에 의하여 시정명령 권한이 부여되어, 인권위 스스로가 진정·조사·권고뿐만 아니라 시정명령까지 내릴 수 있는 일원화 체계로 변화된다.

현재 인권위의 진정·조사·권고와 시정명령의 이원화 구조에서는, 예컨대, 장애인차별금지법 제43조와 연령차별금지법 제4조의7에 따르면 인권위의 권고를 전제로 다른 정부기관이 시정명령을 내리고, 다만 정당한 사유 없는 권고불이행이 있는 경우들 중에서 심각한 차별로 간주될 수 있는 일정한 요건에 해당하는 경우에만 시정명령을 내릴 수 있도록 규정하는 체계이다.

(2) 인권위는 또한 차별금지법안 제44조에 의하여 시정명령의 내용을 이행하지 아니한 자에 대하여 3천만 원 이하의 이행강제금을 부과할 수도 있다.

그런데 위 법안 제44조 제3항에 의하여 인권위는 중복하여 부과할 수 있는 권한을 갖게 된다.

(3) 또한 차별금지법안 제51조에서는 차별금지법안에 위반하여 타인에게 손해를 가한 자에게 손해배상의 책임도 있는데, 고의 또는 과실이 없음에 대한 입증책임이 차별행위를 한 자에게로 전환되어 있다.

동조 제3항에서는 징벌적 손해배상제로 손해액의 2배 이상 5배 이하에 해당하는 배상금을 지급할 수 있다고 규정하고 있다. 그리고 제52조는 원칙적으로 증명책임이 피해자의 상대방에게 있다고 규정한다.

나. (1) 앞에서 말씀드린 바와 같이 기존의 국가인권위원회법에 의하면 인권위는 조사, 권고 등까지를 할 수 있는데, 이는 인권위가 헌법상의 기관이 아닌 국가기관인 점, 또 입법, 행정, 사법으로부터 독립적인 국가기구인 인권위의 결정에 대하여 시정명령권한을 부여할 경우 사법심사의 대상이 되어 독립적인 성격의 인권위와는 법적 성격이 맞지 않는 점 등이 고려되었던 것이었다.

차별금지·평등법안은 이제 인권위에 시정명령 등의 강력한 권한을 부여하려고 하는데, 이는 비사법적 구제기구를 특징으로 하여 왔던 인권위의 속성과는 맞지 않고, 또 비헌법적 기구에 강력한 권한을 부여하는 것이어서 헌법체계와도 부합하지 않을 것이다.

이행강제금에 관련하여서도, 통상 이행강제금을 중복하여 부과하지 못하도록 예컨대, 공항시설법, 부동산거래신고 등에 관한 법률 등에서는 1년 1회로, 도로법, 근로기준법, 공익신고자 보호법 등에서는 1년 2회로 제한하고 있는데, 차별금지법안에서는 이러한 제한을 두고 있지 않다.

그리고 앞에서도 말씀드린 바와 같이 인권위가 시정명령권한을 가지면, 기존의 개별적 차별금지법안의 규제와 같이 중복되어 적용되는 분야가 많다. 차별금지법안은 이러한 점에 대한 고려가 되어 있지 않다.

예컨대, 차별금지법안 제10조(모집·채용상의 차별금지), 제11조(근로계약), 제12조(근로조건), 제18조(해고·퇴직 등의 차별금지)에 대하여는 이미 남녀고용평등법, 근로기준법, 기간제법 등이 규율하는 분야이다.

차별금지법안 제19조(노동조합에서의 차별금지)는 노동조합법 제9조와, 차별금지법안 제20조(직업소개기관 등)는 직업안정법 제2조와, 차별금지법안 제24조(보건의료서비스 공급·이용의 차별금지)는 보건의료기본법 제10조와 중복될 수 있음이 지적되고 있다.

특히 남녀고용평등법 제7조, 고령자고용법 제4조의4 등과 관련하여, 남녀고용평등법에 의한 500만원 이하의 벌금(법 제37조 제4항 제1호)에 처해지는데, 차별금지법안에 의하면 3천만 원 이하의 이행강제금을 부과받거나 징벌적 손해배상책임을 부담해야 한다.

(2) 입증책임의 전환은 외국의 입법례가 많이 채택한 방식이다. 그러나 우리의 차별금지법안은 그 규제범위와 대상이 외국과는 비교할 수 없이 사회 전방위적으로 미치도록 설계되어 있는데, 입증책임이 전환됨으로써 시장경제에 커다란 충격을 줄 수밖에 없다.

징벌적 배상제도와 관련하여서는 의도적으로 기획된 집단소송이 발생할 경우 상대방은 그 방어에 어려울 뿐만 아니라 차별금지법안에 따른 분쟁 제기 자체로 피해를 입기 시작할 것이라고 예상된다.

참고로, 영국 2010년 평등법에서는 차별행위로 인한 손해배상청구에 대하여 제소기간을 단축하는 등으로 사회의 안전성을 높이려고 하고 있다.

> 제118조(시한 Time limits)
> (1) 제140A조와 제140AA조에 따라 제114조에 해당하는 청구에 대한 절차는 다음 중 어느 하나와 같은 기간이 종료된 이후에 제기될 수 없다.
> (a) 청구와 관련된 행위가 있었던 날부터 6개월의 기간
> (b) 지방법원이나 판사가 공정하고 공평하다고 판단하는 다른 기간
> (2) 제(3)항이 적용되면, 제(1)항 제(a)호는 "6개월"이 "9개월"로 대체된 것처럼 적용된다.
> ...

그리고 미국 1991년 민권법은 징벌적 손해배상을 채택하였어도 여러 제한사유를 충분히 두어 징벌적 손해의 총액을 5만 달러, 10만 달러, 20만 달러, 30만 달러 등으로 제한하고 있다.

8. 소결

가. 이상의 검토와 같이 차별금지법안은 차별금지사유, 차별금지영역 등이 지나치게 확장되어 있고, 기존의 개별적 차별금지법률들과의 관계에 대하여 전혀 조율되지 않은 등의 문제들의 연속 선상에 있다.

인권위는 지금까지 성별, 성적지향 등과 관련하여 반 헌법적인 정책들을 주장, 집행하여 온 것으로 평가되는데, 이제 차별금지법안을 통하여 국민적 합의가 되어 있지 않은 정책을 집행하려고 하는 중이다.

그리고 차별금지·평등법안이 법제화되면,[32] 사실에 대한 공적 표현의 자유도 이에 대한 법적 제재(성 소수자의 행위에 대한 비판 금지 등)로 인하여 위축될 가능성이 매우 높다. 이러한 점 때문에 공적 영역의 토론을 통해 보건적 위해성에 대한 정확한 지식을 가지고 성적 자기결정권을 행사해야 할 국민에 대한 국가의 보호 의무 위반에도 해당될 것이다.[33]

따라서 최소한 현재 차별금지법안이나 평등법안의 내용으로는 입법화하지 말아야 한다고 판단되며, 향후 국민적 합의를 충분히

---

[32] 규제의 과잉은 결과적으로 해를 끼친다. 예컨대, 미국 콜로라도 주는 2021. 1월부터 동일 노동 동일 임금 원칙을 관철시키기 위하여 '모든 기업의 신규 채용 공고에 보수와 복지 혜택 등을 적시'하도록 하는 법안을 통과시켰다. 그 시행결과는 기업들의 반발과 실업률이 전체 미국 주들의 평균 보다도 높은 현상이다. (한경 2021. 8. 7.자 콜로라도 규제가 불러온 기현상)

[33] 성적지향을 포함한 차별금지법안에 대한 비판적접근 - 영미법제 연구를 중심으로, 이상현, 법학논총 39, 2017. 9. 178면

수렴하여 그 합의된 내용으로 개별적 차별금지법의 정비와 함께 추진되어야 할 것이다.[34]

나. 독일의 노베르트 볼츠(Nobert Bolz) 교수는 오늘날 "광적인 페미니즘"은 자유 대신에 평등을 그리고 기회평등 대신에 결과평등을 쟁취하려고 한다고 평가한다[35].

차별금지·평등법안에서도 같은 비판이 가능하다. 자유를 지나치게 축소시키면서 평등을 구현하고자 하는데, 그 평등도 자유민주주의 질서에서의 상대적 평등은 아니고 수학적 평등에 가깝다.

칼 포퍼가 말한 다음의 말을 인용하고 싶다[36].

'우리가 알고 있는 모든 사회의 질서를 살펴보면 거기에는 언제나 부정의와 억압, 빈곤과 무력감이 존재했다. 우리가 살고 있는 서구 민주주의 사회도 그 예외는 아니다. 그러나 우리는 우리의 사회 질서 내에서 이러한 죄악들과 투쟁하고 있다. 그리고 나는 우리 사회 내에서 나타나는 부정의와 억압 및 빈곤과 무력감이 우리가 알고 있는 다른 어떤 사회질서보다도 적다는 것을 믿고 있다. 우리가 살고 있는 서구 민주주의 사회도 불완전한 상태에 있으며 더 많은 개선의 필요가 있지만 지금까지 존재했던 사회 중

---

34) 차별금지법안에 대하여는, '차별금지법이 아니라 역차별법 아닌가요? 처음에는 차별을 금지하지 말라고 하고서는 나중에는 자기 의견도 말하지 못하게 하는 그런 법, 반대라는 말조차 못하게 하는 법, 소수의 인권만 남고 소수가 아닌 사람들은 말도 못하게 하는 법. 꼭 통과시켜야 하나요?' 등의 댓글등이 존재한다.
35) 문화막시즘의 황혼, 169면.
36) 위 책, 88면 이하.

가장 훌륭한 사회이다.

　그러나 모든 정치적 이념 중 가장 위험한 것은 아마 인간을 완전히 행복하게 만들려는 소망일 것이다. 천국을 땅 위에다 실현하려는 시도는 언제나 지옥을 만들어 내는 데 그치고 말았다.'

"무엇을 보느냐가 중요한 것이 아니라,
보고 무엇을 인식하느냐가 중요하다."
-헨리 데이비드 소로

"It's not what you look at that matters, it's what you see."
HENRY DAVID THOREAU

Ⅱ. 외국의 차별금지법

1. 유럽 각국의 차별금지법제

2020. 1월 기준으로 유럽연합 회원국들의 차별금지법제는 아래 도표의 내용과 같은 상태이다[37]. European Commission에서 매년 회원국들의 차별금지 상황 등을 정리하여 공개하고 있는 중이다.

국가	헌법상 평등규정	주요 차별금지법	법률상 차별금지사유 (평등보호특성)
알바니아	헌법 제18조	2010 차별로부터의 보호법	성별, 인종, 피부색, 인종적 언어, 성정체성, 성적지향, 정치적 종교적 철학적 신념, 경제적 교육적 또는 사회적 상태, 임신, 양육, 양육책임, 연령, 가족 또는 결혼여부, 시민권 상태, 주거형태, 건강상태, 유전적 경향, 장애, 특정집단이나 특정 배경과의 친밀도
		2014 장애인의 포용과 접근에 관한 법	장애
오스트리아	연방헌법 제27조, 기본법 제2조	2004 연방평등처우법 (2019 개정)	성별, 민족적 친밀도, 종교, 신념, 연령, 성적지향
		2005 연방장애인평등법 (2018 개정)	장애
		2005년 장애인 고용에 관한 법률	장애

---

37) 유럽 차별금지법제와 시사점, 국회입법조사처, 2021. 11. 24. 제224호에서 인용. 국회입법조사처의 자료는 「A comparative Analysis of Non-discrimination Law in Europe 2020 (European Commission, 2021」의 자료를 번역한 것이다. www.equalitylaw.com 참조.

벨기에	헌법 제10조, 제11조	1981 연방인종평등법 (2019 개정)	인종, 피부색, 혈통, 출신 민족, 출신국가
		2007 연방 포괄적 차별금지법 (2013 개정)	연령, 성적지향, 시민권상태, 출생, 재산, 종교나 철학적 신념, 건강의 현재 또는 미래의 상태, 장애, 신체적 특징, 정치적 견해, 노동조합 견해, 언어, 유전적 특징 및 사회적 출신
불가리아	헌법 제6조	2003 차별로부터의 보호법 (2018 개정)	성, 인종, 출신국가, 민족성, 유전적 특징, 국적, 출신, 종교나 신념, 교육, 신앙, 정치적 견해, 인적 또는 사회적 지위, 장애, 연령, 성적지향, 가족 상태, 재산상태 또는 기타 불가리아가 당사국인 국제조약이나 법률에 의하여 규정된 모든 사유
		2018 장애인법	장애
크로아티아	헌법 제14조	2008 차별금지법 (2012 개정)	인종, 출신 민족, 피부색, 성별, 언어, 종교, 정치적 또는 기타 신념, 출신 국가, 출신 사회, 재산, 노동조합원, 교육, 사회적 지위, 결혼여부나 가족상황, 연령, 건강상태, 장애, 유전적 특징, 성정체성과 표현, 성적지향
		2013 장애인의 전문적 재활과 고용법(2018 개정)	장애
키프로스	헌법 제28조	2004 평등처우법 (2006 개정)	인종, 출신민족
		2004 고용과 직업의 동등대우법 (2009 개정)	출신 인종, 출신 민족, 종교 또는 신념, 연령, 성적지향
		2000 장애인법 (2015 개정)	장애
체코	기본적 인권과 자유 장전 제3조(헌법적 명령의 부분)	2009 차별금지법 (2017 개정)	인종, 피부색, 출신민족, 국적, 성별, 성적지향, 연령, 장애, 종교 또는 신념

덴마크	없음 (다만 헌법 제70조와 제71조가 시민과 정치적 권리, 정치적 종교적 신념의 자유를 정함)	1971 인종에 따른 차별금지법 (2000 개정)	인종, 피부색, 출신국적 또는 출신민족, 신념, 성적지향
		1996 노동시장에서 차별금지법 (2016 개정)	인종, 피부색, 종교나 신념, 정치적 견해, 성적지향, 연령, 장애 또는 출신 국적, 사회적 배경, 출신민족
		2003 민족차별 대우금지법 (2013 개정)	인종과 출신 민족
		2018 장애인차별금지법	장애
에스토니아	헌법 제12조	1999 헌법수호관법(Chancellor of Justice Act)[38] (2018 개정)	성별, 인종, 출신민족, 피부색, 언어, 출신, 종교, 정치적 또는 기타 신념, 경제적 사회적 지위, 연령, 장애, 성적지향, 기타 법률에서 차별금지사유로 정한 것
		2008 평등처우법 (2017 개정)	출신 민족, 인종, 피부색, 종교 또는 기타 신념, 연령, 장애 또는 성적지향
핀란드	헌법 제6조	2014 차별금지법	출신, 연령, 장애, 종교, 신념, 성적지향, 국적, 언어, 의견, 정치적 활동, 노조활동, 가족관계, 건강상태나 기타 개인의 특성
		2014 차별금지 옴부즈맨법	출신, 연령, 장애, 종교, 신념,성적지향, 국적, 언어, 의견, 정치적 활동, 노조활동, 가족관계, 건강상태나 기타 개인의 특성
		2014 차별금지와 평등재판소법	성별, 성정체성, 출신, 연령, 장애, 종교, 신념, 성적지향, 국적, 언어, 의견, 정치활동, 노조활동, 가족관계, 건강상태 또는 기타 개인특성

---

38) 국회입법조사처 위 자료 제 8면에서는 '에스토니아의 Chancellor of Justice는 에스토니아 헌법의 기본원리를 독립적으로 수호하고 개인의 인권을 보호하는 기관으로서, 특히 법의 지배와 인간과 사회적 권리, 인간의 존엄, 자유, 평등, 민주주의 원리를 수호하는 의무를 지고 있다. 여기서는 의역하여 "헌법수호관"으로 번역한다.'라고 설명하고 있다.

국가	헌법 근거	법률	차별금지 사유
프랑스	1946년 헌법 전문, 현행 헌법 제1조	2008 차별문제에 대하여 공동체법에 국가법률을 적용하기 위한 법 (2017 개정)	관습, 성직지향, 성, 임신, 성정체성, 친밀한 관계, 출신민족(실제든 추정이든), 국정, 인종 또는 특정 종교, 외모, 이름(성), 가족상태, 노조활동, 정치적 견해, 연령, 건강, 장애, 유전적 특징, 거주장소, 프랑스어 외의 다른 언어능력, 경제적 어려움
		2005 장애인에 대한 동등한 기회와 통합을 위한 법 (2014 개정)	장애
독일	연방기본법 제3조, 제33조(3)항	2006 일반평등처우법 (2013 개정)	인종, 출신 민족, 성, 종교 또는 신념, 장애, 연령, 성정체성
		2002 정애인에 대한 평등기회법 (2018 개정)	장애
그리스	헌법 제5조(2)항	1979 인종차별을 목적으로 한 행위에 대한 처벌법 (2014 개정)	인종, 출신민족, 종교
		2016 유럽지침에 따른 고용과 일의 평등한 처우에 관한 일반법	인종, 출신 민족, 혈통, 피부색, 언어, 종교 또는 기타 신념, 장애 또는 유전병, 연령, 가족 또는 사회적 지위, 성적지향, 성정체성 또는 성관련 특징
헝가리	헝가리 기본법 제15조	2003 평등처우 및 평등기회촉진법 (2018 개정)	성, 인종, 피부색, 국적, 국가내 소수그룹 소속, 모국어, 장애, 건강상태, 종교나 신념, 정치적 또는 기타 의견, 가족상태, 모성(임신) 또는 부성, 성적지향, 성정체성, 연령, 사회적 출신, 재정상태, 비정규직, 단기 또는 장기 고용관계, 이익단체 소속, 기타 개인이나 단체의 여건
		1998 장애인의 권리와 동등한 기회보장법 (2017 개정)	장애

아이슬란드	헌법 제65조	2018 인종 또는 출신민족 평등처우법	인종, 출신민족
		2018 노동시장에서의 평등처우법	성별, 인종, 출신민족, 종교, 신념, 장애, 근로능력감소, 연령, 성적지향, 성정체성, 성적 외양 및 성적 특성
		2018 장기보조 필요자를 위한 서비스법	장애
아일랜드	헌법 제40.1조	1998 1998-2015 고용평등법 (2015 개정)	성, 연령, 인종, 종교, 가족상태, 장애, 시민권 상태, 성적지향, 여행자단체가입
		2000 2000-2018 평등처우법 (2018 개정)	성, 연령, 인종, 종교, 가족상태, 장애, 시민권 상태, 성적지향, 여행자단체가입, 주택보조
이탈리아	헌법 제3조	2000년 유럽인권지침에 따른 2003 인종이나 출신민족 평등처우법 (2011 개정)	인종, 출신민족
		2000년 유럽인권지침에 따른 2003 고용과 직업에서의 평등처우법 (2013 개정)	종교, 신념, 연령, 장애 및 성적지향
		2006 차별피해 장애인의 사법적 구제법(2011 개정)	장애

라트비아	헌법 제91조	2001 노동법 (2019 개정)	인종, 피부색, 연령, 장애, 종교, 정치적 또는 기타 신념, 출신국가 또는 출신사회, 재산이나 재물 상태, 성적지향 또는 기타 환경
		2012 자연인에 대한 차별금지법	성별, 연령, 종교, 정치적 또는 기타 신념, 성적지향, 장애, 인종 또는 출신 민족
		1995 사회보장법 (2015 개정)	인종, 피부색, 성별, 연령, 장애, 건강상태, 종교, 정치적 또는 기타 신념, 출신국적 또는 출신 사회, 경제적 상태 또는 가족상태, 기타 환경
		1999 소비자보호법 (2010 개정)	성별, 인종, 출신민족, 장애
		1998 교육법 (2016 개정)	재산상태, 사회적 지위, 인종, 출신민족, 성별, 종교 및 정치 신념, 건강상태, 직업, 거주지
리히텐슈타인	없음 (헌법 제31조 양성평등[39]만 규정)	2006 장애인평등법 (2016 개정)	장애
리투아니아	헌법 제29조	2003 평등처우법 (2018 개정)	성별, 인종, 국적, 시민권, 언어, 출신, 사회적 지위, 신념, 견해, 연령, 성적지향, 장애, 출신민족 또는 종교
		1991 장애인 사회통합법 (2018 개정)	장애

---

[39] 국회입법조사처에서는 '성 평등'으로 기재하고 있지만, 리히텐슈타인 헌법은 '모든 사람이 법 앞에서 평등하도록 보장하고 남성과 여성이 평등한 권리를 향유해야 함'을 명시하고 있다. 따라서 성평등이라는 용어보다는 양성평등이라는 용어가 더 적확하다.

룩셈부르크	헌법 제10조	2006년 제28법률 (유럽인권지침 이행을 위한 인종 및 출신민족 평등처우, 고용과 직업의 평등처우, 고용과 작업장 내 평등처우, 관련 형법의 개정, 장애인에 관한 법 등을 모두 포괄한 법임) (2008 개정)	종교 또는 신념, 장애, 연령, 성적 지향, 인종 또는 출신민족
		2006년 제29법률 (지방공무원 처우 등 관련 법)	종교 또는 신념, 장애, 연령, 성적 지향, 인종 또는 출신민족
		2003년 제12법률	장애
몰타	헌법 제45조	2002 고용과 산업관계법 (2019 개정)	물적 상태, 임신 또는 임신가능성, 성, 피부색, 장애, 종교적 신념, 노조원, 노동자단체 가입여부
		2004 고용에서의 평등처우법 (2004 개정)	종교 또는 종교적 신념, 장애, 연령, 성, 성적지향, 출신 인종, 출신민족
		2003 남성과 여성 평등법 (2015 개정)	성, 가족능력, 성적지향, 연령, 종교, 신념, 인종, 출신민족, 성정체성, 성적외양, 성적특성, 임신 또는 임신가능성, 출산
		2000 평등기회법 (2016 개정)	장애
		2007 평등처우령	인종, 출신민족

몬테니그로	헌법 제7조, 제8조, 제25조	2010 차별금지법 (2017 개정)	인종, 피부색, 국적, 친족, 사회적 출신 또는 출신민족, 소수국가 또는 소수국가공동체 친밀성, 언어, 종교, 신념, 정치적 또는 기타 의견, 성, 성전환, 성정체성, 성적지향 및 양성자, 건강상태, 장애, 연령, 재산상태, 결혼이나 가족상태, 단체회원, 정당원, 기타 개인 특성
		2015 장애인 차별금지법 (2015 개정)	장애
네덜란드	헌법 제1조	1994 일반평등처우법 (2019 개정)	인종, 종교, 신념, 정치적 의견, 성적지향, 성, 국적 및 시민권 상태
		2003 장애차별금지법 (2016 개정)	장애, 유전병
		2003 연령차별금지법 (2014 개정)	연령
북마케도니아	헌법 제9조, 제54조	2019 차별금지와 평등보호법	인종, 피부색, 출신, 국적, 민족, 성, 사회적 성, 성적지향, 성정체성, 사회적 소수자, 언어, 시민권, 사회적 출신, 교육, 종교 및 종교적 신념, 정치적 신념, 기타 신념, 장애, 연령, 가족 또는 결혼상태, 재산상태, 건강상태, 개인능력, 사회적 지위, 기타 요소
노르웨이	헌법 제98조	2017 평등 및 차별금지법	성, 임신, 출산 및 입양 휴가, 양육책임, 민족, 종교, 신념, 장애, 성적지향, 성정체성, 성적 외양, 연령, 이러한 요소들의 복합
		2005 노동환경법 (2014 개정)	연령, 정치적 성향, 노조원, 임시 비정규직
폴란드	헌법 제32조	2010 유럽 평등대우지침 이행을 위한 법률 (2016 개정)	성, 출신 민족, 국적, 시민권, 종교, 신념, 정치적 견해, 장애, 연령, 성적지향

73

포르투갈	헌법 제13조(2)항	2017 인종과 출신민족, 국적, 선조 및 출신지역에 대한 차별철폐와 예방을 위한 법적 체제를 갖추기 위한 법률	인종/출신민족, 국적, 선조 및 출신지역
		2009 노동법 (2019 개정)	조상, 연령, 성, 성적지향, 성정체성, 시민권 상태, 가족상황, 경제적 상황, 교육, 사회적 출신, 유전적 소인, 근로능력 감소, 장애, 유전병, 국적, 출신민족, 언어, 종교, 정치적 또는 이상적 신념, 노조친화성
		2006 장애와 선천적 건강위험상태에 대한 차별금지와 처벌법	장애 및 선천적 건강위험상태
루마니아	헌법 제4조, 제16조	2000 모든 형태의 차별 예방과 처벌에 관한 규정 (2013 개정)	인종, 국적, 출신 민족, 언어, 종교, 사회적 지위, 신념, 성, 성적지향, 연령, 장애, 비전염성 유전병, HIV 양성상태, 불이익을 받는 집단에 속한 상태, 기타 기준
세르비아	헌법 제21조(3)항	2009 차별금지법	인종, 피부색, 조상, 시민권, 국가 성향 또는 출신 민족, 언어, 종교적 또는 정치적 신념, 성, 성정체성, 성적지향, 재정적 상태, 출생, 유전적 성격, 건강, 장애, 결혼 및 가족 상태, 전과, 연령, 외모, 정치단체소속, 노조소속, 기타 단체가입, 기타 실제 또는 추정적 개인 특성
		2006 장애인 차별금지법 (2016 개정)	장애
슬로바키아	헌법 제12조(1)항	2004 차별금지와 특정분야 평등대우법 (2015 개정)	성, 종교 또는 신념, 인종, 국적 친화성 또는 민족, 장애, 연령, 성적지향, 재산상태, 가족상태, 피부색, 언어, 정치적 또는 기타 견해, 출신국가, 출신사회, 재력, 성별 기타 상태, 다른 법률에서 범죄로 다루어지는 차별금지행위

슬로베니아	헌법 제14조	2016 차별방지법	성, 민족성, 인종 또는 출신 민족, 언어, 종교 또는 신념, 장애, 연령, 성적지향, 성정체성, 성적 외향, 사회적 지위, 경제적 상황, 교육 또는 기타 개인 특성
		2013 고용관계법	민족성, 인종, 출신 민족, 출신 국가, 출신 사회, 성, 피부색, 건강상태, 장애, 종교 또는 신념, 연령, 성적지향, 가족 상황, 노조가입, 재정상황 또는 기타 개인의 환경
		2010 장애인 기회평등법 (2017 개정)	장애
스페인	헌법 제14조, 제16조	2003 재정적, 행정적, 사회적 수단에 관한 법률	인종, 출신 민족, 종교나 신념, 장애, 연령, 성적지향
		2013 장애인의 권리와 사회적 포용에 관한 일반법률	장애
스웨덴	헌법적 법률인 정부기관법 제1장 제2조, 제2장 제12조, 제13조	2008년 차별에 관한 법률 (2017 개정)	성, 성전환, 성정체성, 성적 외향, 민족성, 종교, 신념, 장애, 성적지향, 연령
터키	헌법 제10조	2016 터키 인권과 평등기구 법률 (2018 개정)	성, 인종, 피부색, 언어, 종교, 신념, 종파, 철학적 정치적 견해, 출신민족, 재산, 출생, 결혼상태, 건강, 장애, 연령
		2005 장애인법 (2014 개정)	장애
영국	성문헌법 없음	2006 평등법 (2010 개정, 2015 개정)	성, 피부색, 국적(시민권 포함), 출신 민족, 출신국적, 장애, 성적지향, 종교 또는 신념, 연령

유럽연합은 단일시민으로서의 정체성 확립을 위해 유럽공동체조약에 차별금지 관련 내용을 규정했으며, 2000년 이후에 별도의 차별금지 법규로 일련의 반차별지침들을 제정하였다.

주요한 4개의 반차별지침은 ① 인종평등지침(Council Directive 2000/43), ② 고용평등지침(Council Directive 2000/78), ③ 균등처우지침(Council Directive 2002/73), 그리고 ④ 직업영역 이외의 균등처우지침(Council Directive 2004/113) 인데, 회원국들은 정해진 기간 내에 이러한 지침을 국내법으로 전환 적용해야 할 의무를 부담하고 있다[40)][41).

그렇기 때문에 유럽연합의 반차별지침들은 회원국의 남녀평등 법규에 직접적으로 영향을 미치게 된다.

이를 보장하기 위하여, 유럽위원회는 지침의 부전환, 혹은 불완전 전환을 한 회원국에 대하여 유럽연합 조약 위반으로 유럽재판소에 제소할 수 있고, 또한 회원국의 시민들도 지침의 부전환, 혹은 불완전 전환으로 인한 권리침해를 이유로 유럽위원회에 소원제청을 하고, 유럽위원회가 해당 회원국을 유럽재판소에 제소할 수 있는 제도적 장치를 두고 있다[42).

먼저, 1997. 10. 2. 체결된 암스테르담 조약[43) 제13조에 따른 후

---

40) 차별금지 관련 법률의 부정합성 : 인권위법과 개별적 차별금지법을 중심으로, 이숙진, 경제와 사회, 2009. 12. 비판사회학회, 235면.

41) 2008 각국의 차별금지법 제1권(법무부)에서 이들 지침들이 번역, 제공되고 있다. 이들 지침은 유럽연합 이사회의 지침인데, 앞의 법무부 자료에서 번역한 내용을 일부 인용하면 '이사회 지침 2000/43/EC, 2000년 6월 29일, 인종 또는 출신민족의 구별없는 사람들 사이의 평등대우원칙 이행, 유럽연합 이사회, 유럽공동체설립 조약, 특히 제13조를 고려하여(Having regard to the Treaty establishing the European Community and in particular Article 13 thereof), 집행위원회의 제안을 고려하여, 유럽연합 의회의 의견을 고려하여, 경제 및 사회 집행 위원회의 의견을 고려하여, 지역 집행 위원회의 의견을 고려하여,'라고 시작되고 있다.

42) 유럽연합에서 차별금지법제의 통합에 관한 연구, 신옥주, 사단법인 한국토지공법학회 토지공법연구 제58집, 2012. 8. 562면.

43) 위키백과에서는 암스테르담 조약에 대하여, '암스테르담 조약은 협상이 1995년 6월 2일, 시칠리아섬 메시나에서 시작되어 로마 조약 체결 40주년이 되는 1997년 6월 17일~18일에 열린 암스테르담

속조치로서 차별금지에 관한 다양한 유럽연합 입법지침이 제정되었다[44]. 암스테르담 조약은 회원국에 유럽 정책을 짜 넣고 이를 강제하는 법적 근거를 마련해 주었다[45].

그리고 2009년 제정된 유럽연합의 작업방식에 관한 조약('AEUV')도 암스테르담 조약상의 차별금지 규정과 같은 내용을 가지고 있다[46].

이들 조약의 효력 및 구체적인 조치는 다음과 같이 설명되고 있다[47].

유럽 이사회에서 타결될 때까지 약 4년이라는 시간을 들여 정리된 것이다. 또한, 조약의 정식 서명 이후에도 가맹 회원국에서 오랫동안 비준 절차가 어렵게 진행되었다. 유럽 의회가 조약을 승인한 것은 1997년 11월 19일이며, 회원국 중 2개국에서 국민투표를 실시하였고 다른 13개국에서도 의회에서 결의하여 겨우 회원국 모두 비준 절차가 완료되었다.'라고 설명하고 있다.

[44] 유럽차별금지법의 전개와 영국법제의 대응, 전윤구, 1면 이하
[45] 위 유럽차별금지법의 전개와 영국법제의 대응, 6면
[46] 유럽연합에서 차별금지법제의 통합에 관한 연구, 신옥주, 563면
[47] 위 신옥주 교수의 논문 571면 이하의 내용

제288조 AEUV(ex-Art. 249 Abs. 3 EGV)에 따라 제정되는 지침은 각 지침이 달성하려는 목표와의 관계 속에서만 회원 국가들에 대해 구속력을 가진다. 회원 국가들은 이 목표의 달성을 위해 적합하다고 판단이 되는 형태와 수단을 선택한다. 이때는 보통 법률의 형태가 선택되지만, 명령이나 국제법상의 계약 또는 기타 다른 방법들이 정해진 특정목표의 실현을 위해 선택될 수 있다. 그러나 회원 국가들이 형태와 수단을 선정함에 있어 무제한의 자유를 갖는 것은 아니다. 유럽재판소의 판결에 따르면 각 회원 국가들은 형식과 수단의 선택에 있어서 지침의 실제적인 영향력의 보장을 위한 최대의 적합한 형식과 수단을 선택해야 한다.
…

2. 반차별지침을 불완전, 혹은 전환적용을 하지 않는 경우 유럽연합의 대응
…
(1) 지침의 직접적용
지침이 회원국에 직접 적용되기 위해서는 첫째 지침에서 정한 목표실현을 위한 전환적용의 기한이 지난 경우, 둘째 지침 자체에서 회원국의 국민에게 회원국에 대한 권리를 부여하는 경우, 셋째 지침 자체가 충분히 세밀하게 규정을 하고 있어서 각 개인이 직접적으로 이로부터 권리를 이끌어 낼 수 있는 경우 등의 조건이 충족되어야 한다.… 유럽재판소는 특히 회원국가가 예정된 기한 내에 지침을 전환적용하지 않으면 국가책임을 초래할 수 있음을 분명히 하였다.…
(2) 조약위반절차
회원국이 정해진 기한까지 지침을 전환적용하지 않으면 제258조 AEUV(ex-Art.226EG)에 따른 조약위반절차가 진행된다. 유럽위원회는 해당국가에게 먼저 촉구서한을 발송한다. … 해당 회원국이 이 서한에 대하여 전혀 답장을 하지 않거나 불충분한 답장을 하면, 유럽위원회는 다음 단계의 조약위반절차를 진행할 수 있다. … 이 사안을 유럽재판소로 이송할 수 있다. …
유럽위원회는 동등처우지침들의 전환적용과 관련하여 2006년 2008년 사이에 다수의 회원국들에 대해 조약위반절차를 진행하였다.
(3) 유럽위원회에 소원제청
모든 EU시민은 회원국의 법률, 명령 또는 행정규칙이나 행정행위가 유럽법과 일치하지 않는다고 생각하면 회원국에 대하여 유럽위원회에 소원을 제청할 수 있다. …

Ⅳ. 유럽재판소를 통한 반차별지침의 통합
유럽재판소는 특히 소송을 통한 효과적인 권리보호, 차별 희생자에게 입은 손실에 적합한 손해배상의 인정을 통하여 실질적인 남녀평등의 실현과 효과적인 법률상의 보호 등을 주장하고 있으며, 2000년 이후에 반차별지침의 제정에 영향을 끼쳤다. 특히 유럽재판소는 사법적극주의의 입장에서 유럽법에 대하여 매우 적극적인 해석을 하고 있으며, 유럽연합에서 유럽법 통일을 이루는 데에 큰 요인으로 파악되고 있다.

이와 관련하여, 유럽인권협약이 다른 인권장치에 비해 특별한 점은 유럽인권재판소(European Court of Human Rights)의 존재와 역할이라고 평가되고 있다[48].

---

48) 소수자보호와 차별금지법, 김명수, 홍익법학 제15권 제3호 (2014) 176면

즉, 유럽인권협약은 세계인권선언을 참고하여 만들어졌으며 제2조에서 제12조는 생명권, 고문으로부터의 자유, 노예 및 강제노동으로부터의 자유, 신체의 자유, 재판을 받을 자유, 사생활 및 가족의 권리, 사상양심종교의 자유, 표현의 자유 및 집회결사의 자유, 결혼 및 가정을 가질 권리 등을 규정하고 있고, 제14조는 위의 권리를 향유함에 있어 차별받지 않을 것을 보장하고 있는데, 개인이 유럽인권재판소에 제소하는 절차가 가능한 경우는 유럽인권위원회(European Commission of Human Rights, 1953년 협약에 따라 설립)에서 다룬 사건이 인용되었는데도 당사국이 이를 이행하지 않은 경우로 한정하였다고 설명된다.

유럽연합의 입법지침 중 일부 내용들을 살펴보자[49].

---

49) 위 2008 각국의 차별금지법에서 인용

인종 또는 출신민족의 구별없는 사람들 사이의 평등대우원칙 이행
이사회 지침 2000/43/EC

...

제2조(차별의 개념)

...

3. 괴롭힘은 제1항의 의미에서 인종 또는 출신민족과 관련하여 타인의 존엄성을 침해하거나 위협적, 적대적, 품위손상적, 굴욕적 또는 공격적 분위기 조성을 목적 또는 효과로 하는 의사에 반하는 행위를 말하며 차별로 간주된다. 이러한 정황에서 괴롭힘의 개념은 회원국의 국내법 및 관행에 의해 정의될 수 있다.

...

제8조(입증책임)
1. 회원국은 그들의 국내 사업 체계에 따라, 평등대우원칙이 적용되지 않아 부당하게 차별받았다고 주장하는 사람이 법원 또는 이에 준하는 기관 앞에서 직·간접적 차별이 있었다고 추정될 수 있는 사실을 입증한 경우, 평등대우원칙 위반이 없음을 증명하는 것은 피고의 몫임을 보장하기 위한 필요한 조치를 취해야 한다.
2. 제1항은 회원국이 원고에게 유리한 증거법칙을 도입하는 것을 방해하지 않는다.
3. 제1항은 형사소송에는 적용되지 않는다.
4. 제1항, 제2항 및 제3항은 제7조 제2항에 따른 어떠한 절차에도 적용되지 않는다.
5. 회원국은 법원 또는 이에 준하는 기관이 사실을 직권 조사하는 절차에 제1항을 적용할 필요가 없다.

...

제11조(사회적 협의, Social Dialogue)
1. 회원국은 국내 관습 및 관행에 따라 작업장 내 관행의 감시, 단체협약, 행동 지침, 경험 및 좋은 관행의 교환 및 조사를 통해 평등대우를 장려하기 위하여 사회적 기관과의 협의를 증진시키는 적절한 조치를 취해야 한다.
2. 국내 관습 및 관행에 일관되게, 회원국은 사회적 기관으로 하여금 자치권을 침해하지 않는 적정한 한도 내에서, 단체교섭의 범주에 포함되는 제3조에서 언급된 영역에서 반차별규칙을 확립하는 적정 수준의 협약을 맺도록 장려해야 한다. 이 협약들은 이 지침과 관련 국내 이행 조치에 규정된 최소요건을 존중하여야 한다.

...

제3편 평등대우 증진을 위한 기구(Body)
제13조
1. 회원국은 인종 또는 민족에 따른 차별 없이 모든 사람에 대한 평등한 대우를 증진시키기 위한 기구를 선정할 수 있다. 이러한 기구는 인권보호 또는 개인의 권리 보호를 위해 국내수준에서 책임을 가진 기관의 부분을 형성할 수 있다.
2. 회원국은 이러한 기구가 아래의 권한을 가지도록 하게 한다:
 - 피해자와 제7조 제2항에 따른 단체, 기구 또는 법적 조직의 권리를 침해하지 않으며, 차별에 대항하여 진정을 제기한 피해자들에게 독립적 원조를 제공,
 - 차별에 관한 독립적 조사 실행
 - 이러한 차별에 관련된 모든 문제에 대한 독립적 보고서의 발간 및 권고.

...

제15조(처벌)
회원국은 이 지침에 따라 채택된 국내 조항의 위반에 적용되는 처벌관련 법규를 세우고, 그들이 적용되는데 필요한 모든 조치를 취한다. 피해자에게 보상을 지불하는 것을 포함한 처벌은 효과적이고, 적정하며, 억지적이어야 하며, 회원국은 이러한 조항들을 위원회에게 늦어도 2003. 7. 19.까지 고지하고 이들에게 영향을 주는 어떠한 이후의 개정도 즉각 고지하여야 한다.

제16조(이행)
회원국은 이 지침에 따르기 위해 필요한 모든 법률, 규칙 및 행정적 조항을 2003. 7. 19.까지 채택하고, 단체 협약의 범주 내의 조항과 관련된 이 지침의 이행을 쌍방의 합의가 있을 때 경영자 및 노동자에게 위임할 수 있다. 그러한 경우, 회원국은 2003. 7. 19.까지 경영자나 노동자가 협약에 의해 필요한 조치를 소개하도록 하고, 회원국은 그들이 언제라도 이 지침에 의해 부과된 결과를 보장하는 지위에 있도록 하는 필요한 조치를 취하도록 할 것을 확실히 해야 한다. 그들은 그것에 대해 집행위원회에게 즉시 고지해야 한다.
회원국이 이러한 조치를 취할 때 이 지침에 대한 언급을 포함하거나 공식적 출판의 경우에 이러한 언급을 수반한다. 이러한 언급 방법은 회원국에 의해 세워진다.

제17조(보고)
1. 회원국은 위원회가 유럽연합의회 및 이사회에게 이 지침의 적용과 관련되어 작성하는 보고서에 필요한 모든 정보를 2005. 7. 19.까지 그리고 이후 5년에 한 번씩 전달한다.
2. 위원회의 보고서는 사회적 기관과 관련된 비정부 기구의 관점뿐만 아니라 인종차별 및 외국인 혐오증과 관련된 유럽연합 감시센터(European Monitoring Centre on Racism and Xenophobia)의 관점을 고려한다. <u>성별에 따른 특별교육철폐론원칙</u>에 따라 이 보고서는 여성 및 남성에게 취해진 조치의 영향력의 평가를 제공해야 한다. 받은 정보에 관하여, 이 보고서는 필요에 따라 이 지침의 검토 및 개정을 위한 제안도 포함한다.
...
2000년 6월 29일 룩셈브르크.

이사회에게[50](For the Council)
위원장
M. ARCANJO

---

50) 위 법무부 자료에서는 '이사회에게'로 번역되었지만, 이사회를 대표한다는 의미로 해석하여야 될 것으로 생각한다.

이사회 지침 2000/78/EC
2000년 11월 27일
고용 및 직업에 관한 평등대우의 일반적 구성

...

전문

(4) 법 앞에서의 평등 및 차별로부터의 보호에 관한 모든 사람의 권리는 세계인권선언, 유엔여성차별철폐협약, 유엔 시민적·정치적 권리에 관한 규약, 경제적·사회적·문화적 권리에 관한 규약과 모든 회원국이 가맹국인 인권과 기본적 자유 보호를 위한 유럽협약에 나타난 보편적 권리를 구성한다. 국제노동기구(ILO)협약 제111호는 고용 및 직업에 있어서의 차별을 금지한다.

...

(10) 2000년 6월 29일 이사회는 인종이나 출신민족의 구별없이 평등대우원칙을 이행하는 지침 2000/43/EC를 채택했다. 이 지침은 고용 및 직업관련 차별에 대한 보호를 제공한다.

...

(22) 이 지침은 혼인여부와 관련된 국내법과 그에 의존된 이익을 침해하지 않는다.

(23) 매우 제한적인 상황에서, 차별대우는 종교나 신념, 장애, 연령 혹은 성적지향(sexual orientation)과 관련된 특징이 특정한 직업적 요구 및 사업수행에 있어 불가피하며 이의 목표가 합법적이고 조건이 적정할 때 정당화 될 수 있다. 이러한 상황은 회원국이 집행위원회에 제공한 정보에 포함되어야 한다.

...

(25) 연령에 따른 차별 금지는 고용지침에서 제시된 목적을 달성하고, 작업장 내의 다양성을 장려하는데 본질적인 부분이다. 그러나 연령과 관련한 차별대우는 특별한 경우에 정당화될 수 있고, 회원국의 다양한 상황에 맞는 특정한 조항을 요구한다. 그러므로 합법적 고용정책, 고용시장, 직업훈련목표에 의한 차별대우와 금지되어야 하는 차별은 반드시 구별되어야 한다.

...

(31) 입증책임의 규정은 차별이 일응 증명될 경우(a prima facie case of discrimination), 평등대우원칙의 효과적 적용을 위하여 그러한 차별의 증거가 제시되었을 때에는 입증책임은 피고에게 전환되어야 한다. 그러나 원고가 특정한 종교 혹은 신념을 신봉하거나, 장애가 있거나, 특정한 연령 또는 성적지향이거나 하는 것을 증명하는 것이 피고의 의무는 아니다.

...

제19조(보고)
1. 회원국은 늦어도 2005년 12월 2일까지 그리고 이후 5년에 한 번씩 집행위원회가 유럽의회와 이사회에게 제출하는 이 지침과 관련된 보고서 작성을 위해 필요한 모든 정보를 전달한다.
2. 집행위원회의 보고서는 사회적 기관과 관련 비정부기구의 시각을 고려해야 한다. 성별차별교육 철폐원칙에 따르면 이 보고서에서 특히 여성과 남성에게 주어진 조치의 영향을 평가해야 한다. 받은 정보에 비추어 보아, 이 보고는 필요에 따라 교정 및 개정을 제안할 수 있다.

...

이사회 지침 2004/113/EC
2004년 12월 13일
남녀간의 재화용역에의 접근 및 공급에 대한 평등대우원칙의 이행

...

(6) 집행위원회는 사회정책의제에 관한 공표에서 노동시장 밖에서의 성차별에 관한 지침제안의 의도를 발표했다. 이러한 제안은 공동체의 모든 정책을 포함하고, 이러한 정책을 조정하여 남녀평등을 증진하고, 사회 내 남녀상황을 개선시키는 실질적인 조치의 이행을 목표로 하는 '성 평등 구성 계획(2001-2005)'[51]과 관련된 프로그램을 수립하는 2000년 12월 20일 이사회 결의 2001/51/EC와 완벽하게 일관된다.

(7) 2000년 12월 7일 니스에서 열린 회의에서, 유럽연합 이사회는 위원회에게 고용 및 직업 이외의 부분에서 성별에 따른 평등을 증진시키는 지침의 제안을 채택함으로서 평등과 관련된 권리를 강화할 것을 요구했다.

...

(13) 차별금지는 대중에게 이용가능하고, 사생활, 가정생활 및 이러한 관계에서 실행되는 거래의 영역 밖에서 제공되는 재화 및 용역을 제공하는 사람들에게 적용되어야 한다. 이는 대중매체나 광고의 내용 혹은 공·사교육에는 적용되어서는 안 된다.

...

(29) 보다 나은 입법을 위한 기관 상호 협약[52] 34문단에 따르면 회원국들은 자국의 이익 및 공동체 공동의 이익을 위하여 이 지침과 이행 조치의 관련성을 나타낼 수 있는 그들 각자의 표를 만들고 공표하기를 장려한다.

...

제2조(정의)
이 지침의 목적을 위해, 다음의 정의가 적용된다:
(a) 직접적 차별 : 비슷한 상황에서 한 사람이 성별에 근거하여 다른 사람에 비해 덜 호의적으로 대우받은 경우;
(b) 간접적 차별 : 외관상 중립적인 규정, 기준 또는 관행이 한 성별의 사람에게 다른 성별의 사람과 비교해서 특정한 불이익을 부과하고, 다만 합법적 목적에 의하여 객관적으로 정당화되고, 그 목적을 달성하기 위한 수단이 적절하고 필요한 것이 아닌 경우;
© 괴롭힘 : 타인의 존엄성을 침해하거나 위협적, 적대적, 품위손상적, 굴욕적 또는 공격적 분위기 조성을 목적 또는 효과로 하는 성별과 관련하여 의사에 반하는 행위가 발생된 경우;
(d) 성적 괴롭힘 : 모든 형태의 의사에 반하는 성적 특징을 가진 신체적, 언어적 또는 비언어적 행위가 타인의 존엄성을 침해하거나 위협적, 적대적, 품위손상적, 굴욕적 또는 공격적 분위기 조성을 목적 또는 효과로 하는 경우.

...

제16조(보고)
1. 회원국은 2009년 12월 29일까지 그리고 이후 매 5년마다 이 지침의 적용과 관련된 가능한 모든 정보를 위원회에 제공한다.
위원회는 보험료와 보험금의 계산을 위해 성별의 요소를 이용하는 것을 고려한 제5조 관련 회원국의 현재 실행과정 보고를 포함한 요약보고서를 작성해야 한다. 위원회는 유럽연합 의회와 이사회에 늦어도 2010년 12월 21일까지 이 보고서를 제출하고 적당한 경우 지침의 수정을 제안하는 보고를 수반한다.
2. 위원회의 보고서는 관련된 이해관계자의 관점을 고려해야 한다.

...

---

51) OJ L 180, 19.7.2000, P.22.

52) OJ C 321, 31.12.2003, P.1.

유럽연합 의회와 이사회의 2006/54/EC 지침
2006년 7월 5일
고용 및 직업에 있어 남녀간의 기회균등 및 평등대우원칙의 이행

유럽연합의회 및 이사회,
유럽공동체설립 조약, 특히 제141조 제3항을 고려하여,
집행위원회의 제안을 고려하여,
유럽연합의 경제·사회 위원회의 의견을 고려하여,
조약 제251조에 나타나 있는 절차에 따라 진행,
…
(2) 남녀간 평등은 조약 제2조 및 제3조 제2항과 사법재판소 판례법(the case-law of the Court of Justice)에 따라 공동체법의 기본적인 원칙이다. …
(3) 사법재판소는 남녀간 평등대우원칙의 영역을 성별에 의한 차별의 금지로 한정지을 수 없다고 여긴다. …
(8) 조약의 제141조와 사법재판소 판례법에 일관적으로 나타나는 동일노동이나 같은 가치를 지닌 노동에 대한 평등임금원칙은 남녀간 평등대우원칙에 중요한 관점 및 성차별관련재판소의 판례법을 포함한 유럽연합의 법의 본질적이고 필요 불가결한 부분의 요소를 구성한다. 따라서 이행을 위해 추가적인 조항을 제정하는 것이 적합하다.
…
제8조(실질적 영역에서의 제외)
1. 이 장은 아래에는 적용되지 않는다:
 (a) 자영업자를 위한 개인적인 계약;
 (b) 자영업자를 위한 단독회원제도;
 ⓒ 사용자가 당사자가 아닌 근로자에 관한 보험계약;
 (d) 참여한 사람들에게 다음을 보장하기 위해 개인적으로 부여된 직업적 사회보장제도의 선택조항 :
…
제10조(자영업자를 고려한 이행)
1. 회원국은 차별금지원칙에 반하는 자영업자를 위한 직업적 사회보장제도의 조항이 늦어도 1993년 1월 1일의 날짜 혹은 이 후에 가입하는 회원국에게는 지침 86/378/EEC이 그들의 영토에서 적용되는 날짜에 효력이 발휘되도록 개정되는 것을 보장하기 위한 필요한 조치를 취해야 한다.
2. 이 장은 위 기간 중 효력이 있는 제도의 조항에 따라서 개정 전에 자영업자를 위한 직업적 사회보장제도의 회원기간과 관련한 권리 및 의무를 배척하지 않는다.
제11조(자영업자를 고려한 집행연기의 가능성)
자영업자를 위한 직업적 사회보장제도를 고려하여, 회원국은 다음에 따라 평등대우원칙의 의무적 적용을 연기할 수 있다:
 (a) 노인, 퇴직연금 및 다른 급부의 가능한 이행을 위한 연금보장 연령의 결정;
…
 (b) 생존수당은 연합법이 이와 관련되어 법적 사회보장제도 내에 평등대우원칙을 성립할 때까지

...
제31조(보고)
1. 회원국은 집행위원회에 유럽연합 의회 및 이사회에 이 지침의 적용에 관한 보고서 작성을 위한 필요한 모든 정보들을 2011년 2월 15일까지 알려주어야 한다.
2. 제1항을 침해하지 않으며, 회원국은 4년에 한 번씩 조약 제141조 제4항에 따른 모든 조치에 관한 문서 및 이의 이행에 관한 보고서를 집행위원회에 고지하여야 한다. 이러한 정보에 근거하여 집행위원회는 4년에 한 번씩 암스테르담 조약의 마지막에 첨부된 서언문 제28호를 고려하여 모든 조치의 상대적 평가를 담은 보고서를 채택·출판한다.
3. 회원국은 사회적 발전에 의거해 예외 유지의 정당성의 유무를 결정하기 위하여 제14조 제2항에 나타난 직업적 활동을 평가해야 한다. 그들은 집행위원회에게 적어도 8년에 한 번씩은 정기적으로 이러한 평가의 결과를 알려야 한다.

이상의 검토와 같이, 유럽연합 이사회 또는/그리고 유럽연합 의회에서 결의한 입법지침의 내용을 회원국들이 국내법화하도록 의무지음으로써, 차별금지법안을 포함하여 탑-다운(Top-down) 방식으로 실제 입법화되도록 하였다.

가. 영국

영국은 입법 초기에는 미국의 차별금지법제를 계수해 1960년대부터 개별적 차별금지법, 즉 평등임금법(Equal Pay Act 1970), 성차별금지법(Sex Discrimination Act 1975), 인종관계법(Race Relations Act 1976), 장애인차별금지법(Disability Discrimination Act 1995)의 형태로 제정해왔다[53]. 그래서 영국의 차별금지법제는 유럽의 어느 나라보다 앞서 있고 법리 등이 발전되어 있다고 평가되고 있다.[54]

---

53) 차별금지법안의 쟁점과 개선방안, 김종헌, 이승길, 사회법연구 제42호, 404면
54) 일반적 차별금지법으로서 영국의 2010년 평등법 제정의 의미와 시사점, 심재진, 강원법학 50(2017. 2.)

이를 담당하는 기구로서는, 장애인차별금지법(1995)과 장애권리위원회법(1999)에 의해 설립된 장애권리위원회(Disability Rights Commission), 성차별 금지법(1975)과 남녀동일임금법(1970)에 따른 평등기회위원회(Equal Opportunities Commission), 인종관계법(1976)에 따른 인종평등위원회(Commission for Racial Equality) 등 각각의 법률과 각각의 차별시정 기구가 있었다.[55]

하지만 1998년 인권법(Human Rights Act 1998)에 따라 유럽인권협약(European Convention of Human Rights)이 국내 효력을 갖고, 국내 사안들이 유럽재판소(European Court of Justice)에 의해 다루어지는 일들이 많아지면서, 통합형 인권기구를 설립함으로써 더욱 효과적이고 효율적으로 인권 및 차별 문제에 대응할 수 있다는 주장이 설득력을 얻기 시작했고 결국 2006년 평등법(Equality Act 2006)이 제정됨으로써 기존의 위원회들을 통합한 '평등인권위원회'(Commission for the Equality and Human Rights, EHRC)가 설립되었다.[56]

영국은 2003년 성적지향을 이유로 한 고용차별금지 시행령을 제정하였었고, 위와 같이 2006년에는 평등법을 제정, 2010년에는 Equality Act 2010이라는 이름으로 평등법을 전면 개정하였다[57]. 위 평등법에 따라 영국 법원은 손해배상, 금지명령

---

55) 포괄적 차별금지법의 필요성 - 평등기본법을 위하여, 홍성수, 이화젠더법학 10(3), 8면 이하
56) 위 포괄적 차별금지법의 필요성 8면 이하
57) 포괄적 차별금지법과 개별적 차별금지법에 관한 연구, 고시연, 사법행정 62(1), 2021. 1월, 5면. 영국 평등법(Equality Act 2010)의 주요 내용과 시사점(김선화, 외국입법 동향과 분석, 제63호)에 의하

(injunction), 확인(declarations) 등을 선고할 수 있다.

그런데 영국의 평등인권위원회는 권고 등을 개인이 이행하지 않을 경우 직접 행사할 수 있는 강제수단이 없어서 개인에게 특정 행위를 하거나 하지 않도록 하기 위해서는 법원에 청구할 수 있을 뿐이고, 개인이 수사를 하도록 신청할 수 있는 권한은 없고, 평등인권위원회가 2010년 평등법 위반행위가 있었다는 것을 확신하는 경우에 개시할 수 있을 뿐이다.[58]

영국의 2010년 평등법은 한국의 다수 법안에서 발견되는 징벌적 손해배상제도가 존재하지 않으며, 차별사건에서 입증책임이 차별의 주장자와 그 상대방에게 배분되어 있는데, 이는 인권위 권고법안을 제외한 모든 법안에서 포함된 입증책임의 배분과 유사하다고 평가되고 있다.[59]

나. 독일

유럽연합의 고용평등대우지침 등에 따라 독일에서도 법제화가 이루어졌는데, 독일은 일반적 동등대우법(Allgemeine

---

면, 영국은 2010년 포괄적 차별금지 법률인 평등법을 제정할 때, 116개로 나뉘어져 있던 평등 관련 법 규정들을 한 개의 법률에 모두 포괄하여 규정하고 적극적 평등실현조치 등을 더하여 총 218개 조문, 부칙 28조문으로 제정하였다고 소개하고 있다.
한편, 영국에서는 2005. 12. 5.부터 동성애자들 사이의 세속적 결합이 허용되었는데, 1957년 월펜든 보고서(Wolfendon Committee가 발표한 보고서)에서 존 슈튜어트 밀의 '해악의 원칙'에 의하여 '사적으로 행해지는 비도덕적 행위로 성인 사이의 동성애의 행위는 법적 제재의 대상이 되어서는 안된다'는 결론을 내린지 48년만의 변화이고, 이에 영국의 팝스타 엘튼 존도 이 법률에 따라 결혼식을 올렸다고 한다(6면).

58) 위 일반적 차별금지법으로서의 영국의 2010년 평등법 제정의 의미와 시사점, 77면

59) 위 자료, 77면 이하

Gleichbehandlungsgesetz : AGG)의 제정 방식을 채택하였다.[60]

원래 차별금지법(Antidiskriminierungsgesetz : ADG)의 입법을 추진하다가 2006년 신정부가 출범하면서 차별금지법이 지니는 다소 공격적인 뉘앙스와 내용을 완화시켜 법명을 일반적 동등대우법으로 변경하여 통과시켰다고 한다[61].

2006. 8월 제정된 AGG는 노동법·민법·공무원법 및 사회보장법 등과 모두 관계하는 통합법으로 유럽연합의 네 개의 반차별지침의 내용을 모두 포괄하여 하나의 법률로 구성하였다.

독일 AGG의 시사점은, 이 법률에 전 법 영역(남녀평등, 인종 및 종족, 종교 및 세계관, 성적지향, 연령 등)을 총괄하여 차별을 금지하고 있다는 점, 손해배상에서 물질적 손해뿐만 아니라 비물질적 손해에 대해서도 청구할 수 있는 점, 근로자대표회의와 인사위원회의 권한이 강화된 점, 반차별연합에게 재판참여 권한을 부여한 점, 민법상 계약에서 발생하는 차별을 금지하는 규정을 두었던 점 등이라고 평가되고 있다.

한편, 독일은 2018년 제3의 성을 합법적으로 하나의 성으로 규정하게 되었는데, 독일 연방헌법재판소의 2017. 11월 판결에 기

---

60) 소위 '연합체법 우선'의 원칙은 유럽연합의 입법지침 형태로 개별국에 부과하는 의무, 즉 독일 입법자들이 유럽 입법지침을 의무적으로 독일법으로 전환하고, 독일법에 적용하여야 하는 의무에 그치지 않는다. 독일법의 해석 또한 유럽연합법, 특히 유럽연합 법원(EuGH)의 판례를 통하여 구체화되어 진다. 독일의 차별금지법 - 근로관계를 중심으로, Rolf Wang, 유성재 역, 법학논문집 제32집 제2호(중앙대학교 법학연구소), 2008. 332면
61) 위 소수자보호와 차별금지법 179면 이하

한 것이다.

독일 의회는 2013년 자신이 여성이나 남성에 해당하지 않는다고 생각하는 이들을 위해 성별란을 빈칸으로 남겨둘 수 있도록 했지만, 북부 니더작센에 사는 간성인[62]이 '중간 성별을 나타내는 용어를 선택할 수 있게 해달라' 소송을 제기하자, 독일 연방헌법재판소는 '남성, 여성에도 속하지 않는 사람의 성 정체성도 인격 형성이라는 차원에서 보호돼야 한다'고 판결하였다. 독일 연방헌법재판소는 2018년 말까지 '제3의 성' 표기를 신설할 것을 독일 의회에 명령했고, 의회는 2018. 12. 14. 관련 법안을 승인했다[63].

허용되는 차별대우와 관련한 판례로는 ArbG Stuttgart, 28.04.2010-14 Ca 1585/09 등이 있고, 그 내용은 아래와 같다.[64]

> 가톨릭교회 공동체가 운영하는 유치원에서 기존 직원이 육아휴직을 신청함에 따라 대체직원을 모집. 원고가 지원. 2008. 10. 20. 서면으로 승낙의 의사표시와 인사기록부 등을 제출. 그런데 피고는 원고가 제출한 서류를 통해 원고가 동성애자로서 동성의 생활동반자와 함께 살고 있음을 인지.
> 피고는 가톨릭교회와 관련된 근로관계에 적용되는 교구기본법에 따라 취업불가를 결정. 거부통지를 원고는 2008. 10. 27. 수령.
> 이에 원고는 2009. 2. 17. 차별적인 이유로 인해 취업이 거부되었다고 주장하며 약 3,611유로의 손배청구와 비재산적 손해에 대한 22,500 유로의 금전배상 소송을 제기,
> Stuttgart 지방노동법원은, 일반평등대우법 제9조 제2항에 의한 '허용되는 차별대우'의 적용을 긍정. 손해배상청구권이 존재하지 않는다고 판단.

---

62) 공문서상에서는 여자이지만 염색체 분석에서 X염색체가 하나뿐인 터너증후군 판정을 받았다고 한다. 간성(Intersex)인은, X염색체 하나 뿐인 터너 증후군, XXY인 클라인펠터 증후군, XYY인 제이콥스 증후군(또는 초남성 증후군), XXX인 트리플 엑스 증후군 등이 존재한다. 유엔에 따르면 간성인들은 전 세계인구의 0.05~ 1.7% 정도로 추산되고 있다.

63) 위 포괄적 차별금지법과 개별적 차별금지법에 관한 연구 9면

64) 성적지향에 대한 미국과 독일의 종교적 면책 : 고용차별금지를 중심으로, 이봉재, 사회과학연구 36(1), 2020. 2. 경성대학교 사회과학연구소, 40면

다. 스웨덴

스웨덴은 1999년에 차별금지법을 적용하기 시작하였고, 2004년부터 2009년까지 6년간 젠더주류화정책을 시행하였다. 스웨덴 국회는 2009. 4. 1. 결혼법 개정안을 승인, 2009. 5. 1.부터 법적 효력을 가지고 7번째로 동성결혼을 허용한 나라가 되었다.

스웨덴의 차별금지법은 아래의 개별적 차별금지법률들을 통합하여 만든 법이다[65].

- 동등기회법(1991)
- 인종과 종교 관련 직장 내 차별방지법(1999)
- 장애와 관련 직장 내 차별방지법(1999)
- 성적 지향성 관련 직장 내 차별방지법(1999)
- 대학생의 동등한 처우를 위한 법(2001)
- 차별방지법(2003)
- 아동과 학생들을 차별하거나 학대하는 행위를 금하는 법(2006)

라. 프랑스

프랑스는 인권선언 제1조 및 제5공화국 헌법 제1조에서 선언하는 내용인 차별금지를 국가의 기본방침 중 하나로 추진하고 있다. 프랑스 사회에서 차별 이유로 가장 빈번히 꼽히는 것은 인종적·민족적 출신에 의한 차별이다.

---

65) 코람데오닷컴, 2020. 5. 22.자 [포스트 차별금지법] 동성혼 합법화 나라, 스웨덴!

프랑스는 차별금지에 관한 일반법으로 '차별에 대한 투쟁영역에서 공동체법 적용에 대한 제 조항에 관한 2008. 5. 27. 법률 제 2008-496호'를 두고 있다.[66]

위 법은 EU의 차별금지 관련 지침들을 국내법화 한 것으로, 직접 또는 간접 차별을 정의하고, 괴롭힘(harrassment)도 통합적으로 정의하였으며, 인종·민족적 출신, 성별(임신 포함), 종교, 신념, 장애, 연령과 성적 취향의 차별금지사항에 대하여 주로 노동분야(채용·고용, 근로조건·승진, 직업훈련, 직업 단체에의 가입·활동 참여)에서의 차별금지를 강화하였다.

---

66) 차별의 합리성 판단기준에 관한 비교법적 연구 - 종합보고서, 최환용, 한국법제연구원, 38면 이하

2. 미국 등 유럽연합 이외의 국가들의 차별금지법제

인권위의 '차별금지법 권고법안 관련 주요 질문/답변(Q&A)' 자료에서 미국, 호주 등의 차별금지법제를 살펴보면 아래의 내용이다.

국명	법률	주요내용	관련기구
호주	인권및기회균등위원회법(1986)	- 인종, 피부색, 성별, 종교, 정치적 견해, 민족적 혈통, 사회적 출신 등(7개 사유)	인권및기회균등위원회 (Australian Human Rights and Equal Opportunity Commission)
	인종차별금지법 (1975)	- 인종, 피부색, 출신지역, 출신민족, 출신종족(5개 사유)	
	성차별금지법 (1984)	- 성별, 혼인여부, 임신, 성희롱, 가족상의 책임(5개 사유)	
	장애인차별금지법 (1992)	- 신체·시청각의 장애, 지적장애, 정신장애, 병으로 연결될 수 있는 병원체의 존재 - 위의 차별사유에 근거하여, 고용, 시설, 토지와 주거 등의 거주, 상품·서비스의 판매 및 제공, 노동조합, 클럽 등의 참가, 교육 등에서의 차별 금지 - 조사·조정(조정을 거쳐야 소송 가능), 정부에 정책제언, 재판참가하여 법정에서 증언, 차별예방 교육 등	

국명	법률	주요내용	관련기구
호주	NSW[67]차별금지법	- 성(임신, 성희롱 포함), 인종, 혼인상의 지위, 성적지향, 장애(HIV/AIDS, 전염시킬 수 있는 질병 포함), 나이, 트랜스젠더 등 7개 사유를 이유로 하는 고용, 교육, 재화 및 서비스, 클럽, 수용시설 등에서의 차별금지 (직접, 간접차별 포함) - 조정, 합의불성립시 분쟁재판소에 이관하고, 사건진행시 피요한 증인출두, 증거수집, 진위파악 등의 과정에 개입, 교육 및 홍보	차별금지청 (Anti-Discrimination Board of NSW)
	북부준주차별금지법 (1992)	- 성적지향, 나이, 혼인여부, 임신, 가족상황, 수유, 장애, 노동조합이나 사용자 연합 활동, 신앙이나 종교활동, 정치적의견, 정당가입, 정치활동, 병력, 전과 등 14개 사유를 이유로, 고용, 교육, 재와·용역 및 시설, 단체, 보험과 퇴직연금, 수용시설 등에서 차별 금지, 성희롱 금지, 보복(victimization)금지 - 조사, 조정, 심리·심리 후 차별입증 시 구제명령, 사과명령 등	차별금지위원회 (Anti-Discrimination Commission)

---

67) 뉴사우스웨일스 주

국명	법률	주요내용	관련기구
미국	민권법 제7편 (1964)	- 인종, 피부색, 종교, 성별, 출신국가에 근거한 고용차별 금지	고용평등기회위원회 (Equal Employment Opportunity Commission)
	동등임금법(1963)	- 동일노동에 대한 임금상의 차별 금지	
	고용상연령차별금지법(1967)	- 40세 이상의 자에 대하여 연령상 고용 차별 금지	
	재활법(1973)	- 장애가 있는 연방정부 고용인에 대한 고용상 차별 금지, 연방정부와 계약을 체결하는 자에 대하여 차별시정조치 의무 부과	
	장애인차별금지법 (1990)	- 연방정부를 제외한 공공·사적 부문에서의 고용(상시 15인 이상 고용 사업장), 공공서비스, 민간운영 공공편의시설 및 서비스, 전기통신 등에서의 장애인 차별 금지	
		- 차별 발생시 중재 및 조정, 주정부나 지방정부와 관련된 이외의 경우에 고용평등기회위원회가 직접 법원에 소송 제기할 수 있음, 불법적이고 의도적인 차별에 대한 보상적 손해배상과 징벌적 손해배상 판결	

국명	법률	주요내용	관련기구
캐나다	인권법 (1977)	- 12개 차별사유(인종, 출신국가, 출신민족, 피부색, 종교, 연령, 성별, 성적지향, 혼인여부, 가족상황, 장애, 사면된 전과)에 기인하여 고용, 상품 및 서비스 제공, 편의도모, 주거 및 용역 상업용지 등의 시설을 거부하거나 고용 등에 있어 차별(개인이나 집단에 대하여 다르게 대우, 모든 괴롭힘 형태, 외견상 중립적인 정책이나 실행이지만 사실상 차별적임)이 있는 경우, - 차별적언명, 혐오메시지, 괴롭힘, 보복 등이 발생하여 차별이 인정된 경우 화해, 임의중재, 강제조정, 조사를 하고, 더 심층적인 조사가 필요하거나 당사자간 합의 가능성이 없는 경우 인권재판소에 회부	인권위원회 (Canadian Human Rights Commission) 인권재판소 (Canadian Human Rights Tribunal)
	고용평등법 (1986)	- 고용에 있어 여성, 토착민, 장애인, 소수민족에 대한 차별을 금지 - 인권재판소의 장이 지명하는 판사와 세명의 위원들로 고용평등재판소 설치 - 재판소에서 차별행위 인정시 공지, 시정명령과 벌금조치	
뉴질랜드	인권위원회법 (1977) 인권법 (1993)	- 13개 차별사유(성별, 혼인여부, 종교, 도덕적 신념, 피부색, 인종, 출신민족, 장애, 연령, 정치적 견해, 직업의 유무, 가족상황, 성적지향)에 근거한 차별금지 - 차별발생 방지를 위한 법률, 정책, 지침의 마련, 차별방지 교육 및 홍보, 차별 발생시 관련기관의 소환, 조사·조정 등	인권위원회 (Human Rights Commission)

국명	법률	주요내용	관련기구
홍콩	성차별금지법 (1995) 가족상황차별금지법 (1997) 장애인차별금지법 (1995)	- 고용, 교육, 재화·용역·편의시설의 제공, 장소의 제공과 관리, 참정권, 사설클럽, 정부 활동에의 참여에 있어 차별이 있는 것으로 판단하거나 진정이 있는 경우, 조사와 조정 기능, 조정에 실패할 경우 당사자가 원할 때 소송절차 보조 - 차별행위 근절과 평등의식 고취를 위한 교육·홍보	평등기회위원회 (Equal Opportunity Commission)

가. 미국

미국의 차별금지 법제는 민권법 제7장(Civil Rights Act, Title Ⅶ)이 중심이고, 장애인법(Americans with Disabilities Act, ADEA), 고용상 연령차별금지법(The Age Discrimination in Employment Act, AFEA), 평등임금법(Equal Pay Act, EPA) 등이 개별적인 차별금지법률들에 해당한다[68].

1964년 민권법 제7장의 목적은 '헌법상의 투표권의 실행, 공공시설에서의 차별에 대한 명령적 구제를 위해 미국 지방법원에 대한 관할권의 부여, 공공시설 및 공교육에서의 헌법상의 권리 보장을 위해 법무부 장관(Attorney General)에게 소제기 권한의 부여, 민권위원회의 확대, 연방이 지원하는 프로그램에서의 차별 방지, 고용기회평등위원회의 설립 및 기타의 목적'이다[69].

---

68) 2008 각국의 차별금지법 제2권, 법무부
69) 위 법무부 자료 13면

1991년 개정된 민권법 제7장의 목적은 '의도적인 차별과 불법적인 괴롭힘에 대한 적절한 대책을 제시하고' 등인데, 금지되는 차별적 관행은 다음의 내용이다.

> 제302조 [2 u.s.c. 1202]
> ...
> 상원의 근로자에 영향을 미치는 모든 개인적 소송은 아래에 기초한 차별로부터 자유로워야만 한다.
> (1) 1964년 민권법 제717조의 의미 내에서 인종(race), 피부색(color), 종교(religion), 성별(sex), 또는 출신국가(national origin)
> (2) 1967년 연령차별금지법 제15조의 의미 내에서의 연령
> (3) 1973년 재활법 제501조, 1990년 미국장애인법 제102조 내지 제104조의 의미 내에서의 신체장애 또는 장애

차별사건이 발생하였을 때 사건을 해결할 수 있는 방법으로는 행정적 구제방법과 법적 구제방법이 있다. 민권법 제7장의 제2000e-4조(705조)와 제2000e-5조(706조)에는 고용기회평등위원회(Equal Employment Opportunity Commission, EEOC)의 설치근거와 시행규정을 두고 있으며, EEOC의 소관법률은 민권법 제7장, 동일임금법, 연령차별금지법, 장애인법, 재활법이다.

EEOC는 출범 이후 민권법상의 차별사유를 확장하여 현재 주요 차별사유로 연령, 장애를 추가하고 있고, 차별유형이라는 개념으로 연령, 장애, 동등 보수, 유전 정보, 괴롭힘, 출신국가, 임신, 인종/피부색, 종교, 성, 성희롱, 보복 등 고용차별의 사유로 사실상 12가지를 인정하고 있다고 한다[70].

---

70) 포괄적 차별금지법의 입법쟁점에 대한 일고찰 - 현행 차별금지법제의 문제점을 중심으로, 안진, 전남대학교 법학연구소 법학논총 제38권 제1호, 2018. 2. 575면

구제신청을 받은 차별사건을 조사한 후 EEOC는 화해와 조정을 하게 되며 이러한 행정적 구제방법이 실패할 경우 연방지방법원 또는 법원에 제소하는 법적 구제방법을 택할 수 있다[71].

차별의 제소를 할 수 있는 사람은 차별을 당한 개인, 타인에 대한 차별로 인해 피해를 입은 개인이나 단체, 피해자의 대리인(제3자), EEOC 위원[72]이다. 차별을 주장하는 피해자 개인이 고용주를 대상으로 사법소송을 할 경우 차별을 입증하기 어렵기 때문에 차별전담 준사법기구인 고용기회평등위원회의 도움을 받아 소송을 진행하게 된다[73].

미국 연방대법원은 1986년 판결에서 고용차별사유로 '성희롱'을{Meritor Savings Bank v. Vinson, 477 U.S. 57 (1986)}, 1998년 동성 성희롱(same-sex sexual harassment)도 포함시켜서 점차 확대해왔다{Oncale v. Sundowner Offshore Services, Inc., 523 U.S. 75(1998)}[74].

미국 연방대법원은 2015년 6월 26일 동성간 혼인을 금지하는 주법이 수정헌법 제14조의 적법절차 조항과 평등원칙에 반하므로 위헌이라는 Obergefell v. Hodges 판결을 내린바 있다[75].

---

71) 위 포괄적 차별금지법의 입법쟁점에 대한 일고찰에 의하면(575면), 구제절차는 동일임금법을 제외하고는 EEOC에 차별고소를 접수할 것을 요구하여 행정구제 전치주의를 원칙으로 하고 있다고 설명된다.
72) 미국의 경우 EEOC가 원고를 대신하여 법적 분쟁의 원고가 될 수 있기 때문에 소송에 따르는 비용뿐만 아니라 합의점에 이르는 것이 한결 용이할 수 있는 장점이 있다고 주장된다.
73) 위 소수자보호와 차별금지법 182면
74) 차별금지법안의 쟁점과 개선방안, 김종헌, 이승길, 사회법연구 제42호, 403면
75) 위 오버거펠 대 호지스 사건 연방대법원 판결에서 '동성결혼은 헌법이 정하는 기본권이자 사회질서로서 존중되어야 하고, 개별 주 차원에서 동성결혼을 금지할 권한이 없다'고 판단되었다.

미국 연방대법원의 Bostock v. Clayton County, Georgia, 140 S.Ct.1731(2020) 판결은 성소수자의 성적지향에 따른 고용차별을 다룬 항소법원의 두 사건, 즉 Altitude Express v. Zarda 및 R.G. & G.R. Harris Funeral Homes v. Equal Employment Opportunity Commission을 병합하여 판결한 것인데[76], 이 판결의 다수 의견은 민권법 Title Ⅶ의 해당 조항인 성(sex)을 이유로 하는 차별금지가 성적지향(sexual orientation)에 의한 차별금지를 포함한다는 해석론을 전개하였다[77].

사안:
조지아 주 클레이턴 카운티는 카운티 소속 아동복지 부처에서 일하던 제럴드 보스톡(Gerald Bostock)이 동성애자(게이) 야구동호회 리그에 참여하기 시작한 직후 카운티 소속 근로자의 신분을 더 이상 유지할 수 없게 하는 부적절한 행동을 하였다는 이유로 해고,
뉴욕 주 소재 앨티튜드 익스프레스 사는 스카이 다이빙 교관으로 일하는 도널드 자르다Donald Zarda가 스스로 동성애자임을 언급한 이후 그를 해고.
미시건 주의 해리스 퓨너럴 홈스 사는 애초 고용 당시에는 남성의 성별이었지만 2년간 업무를 수행하는 도중 절망감 및 고독감 증세가 나타나 임상의사로부터 성별 위화감 증세(gender dysphoria) 진단 및 성전환 권유 처방을 받게 된 에이미 스테판스가 앞으로는 여성으로 살며 전일 근로 업무를 수행하고 싶다는 계획을 알리자 그를 해고,

---

한편, 미국 연방대법원은 2003년 Lawrence v. Texas 판결{539 U.S. 558(2003)}에서 헌법에 의해 보호되는 자유가 동성애자로 하여금 동성애자로서의 삶을 선택할 권리를 허용한다고 판단한 바 있다.

76) 성소수자의 성적지향에 따른 고용차별 – 미국 연방대법원 Bostock v. Clayton County 판결의 평석을 중심으로, 김영진, 외법논집 제45권 제1호(2021. 2.)

77) 다수의견은 Gorsuch 대법관 등 6인이고, 반대의견은 Alito 대법관, 캐비노(Kavanaugh) 대법관 등이 제시했다.

Alito 대법관의 반대의견[78]:
첫째, 성적지향이나 성정체성에 의한 차별은 그 자체로 성에 의한 차별을 수반하지 않는다. 고용주는 개별 지원자 또는 근로자의 생물학적 성별을 고려하지 않은 채 동성애자 또는 트랜스젠더를 고용하지 않는 정책을 충분히 구현할 수 있다.
둘째, 민권법 제7편이 제정되던 시기인 1964년을 기준으로 당시 평범하고 합리적인 일반인들의 관점에 따르면 성을 이유로 하는 차별의 의미는 성적지향이나 성 정체성이 아닌 생물학적 성별로 인한 차별이라고 볼 수 있다. 성을 이유로 하는 차별의 금지는 남성과 여성에 대한 동등한 대우를 의미하며 각주 헌법 및 연방법에서 사용된 용례들이 1964년 이전에도 존재하였다. 심지어 1964년 시기에 동성애는 정신적 장애로 여겨졌던 적도 있었고 동성애 행위가 처벌 대상으로 규정되거나 주법에 따라 주 정부의 동성애자 채용이 금지된 경우도 통상적이었다. <u>더구나 성정체성 개념은 1964년에 학술 논문에 최초로 등장하였고 트랜스젠더 개념은 1970년대 초반이 되어서야 비로소 등장하였다.</u>
셋째, 입법 연혁 : 민권법 제7편의 이 조항은 하원에서 거의 마지막 순간에 추가되었는데 당시 위원회의 의장인 스미스 의원은 민권법에 대한 맹렬한 반대자, 동 금지 조항을 법안에 추가할 경우 이 법안에 대해 기존 찬성 입장인 의원들조차도 이러한 개정이 용납될 수 없으므로 결국 법안이 채택되지 않게 하는 효과를 발휘할 수 있다고 생각했다는 입법 당시의 배경을 주목해야 한다. 결국 생물학적 성별에 근거한 차별금지의 법안 내용 삽입 여부가 동 조항의 입법 당시 의회의 의도였을 뿐 동성애자에 대한 차별은 논의 대상이 아니었다고 볼 수 있다. 또한 민권법 제7편의 차별금지 근거 목록에 성적지향을 별로로 추가하는 법안은 1975년부터 매 회기마다 지속적으로 도입되었음도 주목해야 한다.
넷째, 다수의견에 의한 법원의 결정은 광범위한 파급효과를 가져올 수 있는데, 사생활을 비롯한 개인적 자유, 종교적 자유, 언론의 자유 등을 위협할 소지가 있다. 즉 화장실이나 욕실, 라커룸에 대해 트랜스젠더가 자신이 식별하고 있는 성별로 배정된 공간을 사용할 자격이 있다고 주장하는 경우, 트랜스젠더가 자신이 식별하고 있는 성별의 스포츠 팀이나 운동 경기에 참가를 주장하는 경우, 이성간의 학생을 룸메이트로 지정하는 것을 거부하는 대학에 대해 학생이 자신이 식별하고 있는 성별을 주장하는 경우, 종교단체가 갖는 신앙에 기반을 둔 고용 관행과 동성애자 또는 트랜스젠더 교사의 고용 문제, 선호하는 <u>성중립 대명사를 사용하지 못하게 하</u>는 <u>정책이 성별에 따른 차별을 금지하는</u> 연방법 위반이란 주장의 가능성 등을 예시.

그리고 미국 연방대법원은, 성정체성에 따른 시설이용권 인정(트랜스젠더 화장실 권리, Transgender Bathroom Right)이 쟁점이었던 사건에 대하여, 2021. 6. 28. 상고심 재판을 불허가함으로써, 원심인 제4연방항소법원이 트랜스 젠더 남학생에 대하여 남학생 화장실 사용을 금지한 글로스터(Gloucester) 고등학교의 정책을 부당한 차별로 인정한 판결을 인용하였다.[79]

---

78) 위 성소수자의 성적지향에 따른 고용차별, 56면 이하
79) 법률신문 2021. 9. 9.자 성정체성에 따른 시설이용권 인정의 문제, 김동현.

위 사건의 쟁점은, 미국의 1972년 연방교육법('Title IX')은 연방정부로부터 예산지원을 받는 학교들이 학생들을 '성별에 따라' 차별하지 못하도록 하고 있는데, 이때 '성별(sex)'의 의미가 단순히 남녀의 구별을 의미하는 것인지, 아니면 트랜스젠더 등 성소수자들의 성정체성(gender identity)까지 포함하는 의미인지 여부가 소송의 쟁점이 되었다[80].

미국 연방대법원은 성적지향을 '성적 대상자의 선택 또는 이성애, 양성애 또는 동성애에 대한 개인의 지위'라는 주법 규정을 인용하여 정의하고 있다.[81]

한편, 뉴욕시 인권위원회는 뉴욕시 인권법의 집행에 관련하여 성정체성에 따른 차별금지 가이드를 2015. 12월 발표하였다.

위 집행 가이드에서는 동성애, 이성애, 양성애로 나뉘는 성적지향뿐만 아니라 성정체성을 별도로 상세히 규정하면서, 출생시 구

사안은, Gavin Grimm은 원래 여성으로 태어났으나 고등학교 진학 이후부터 자신을 남성으로 소개하기 시작하였고, 학교에서도 남학생 화장실을 사용하였다가, 다른 학부모들이 민원을 제기하자 학교 이사회는 트랜스젠더 학생은 학교 내 3개의 성중립화장실(unisex bathroom)을 사용하도록 강제하는 규정을 통과시키자, 이에 소송을 제기하였다.

80) 사건은 1심, 항소심, 연방대법원의 파기환송, 재개된 1심, 두 번째 항소심을 밟았다.
재개된 1심에서는 여성이 남자 같은 외모를 하고 남자처럼 행동하였다는 이유로 해고된 사건에서 직장 내 '성 고정관념 강제(gender stereotyping)'는 차별이라고 판시한 Price Waterhouse v. Hopkins 판례를 인용하였다.
두 번째 항소심은 원고가 게이라는 사실이 밝혀지자 그를 해고한 사건을 다룬 Bostock v. Clayton County 판결이 학교 내 성별에 따른 차별을 금지하고 있는 Title IX(미국의 1972년 연방교육법)의 해석에 지침을 준다고 보았다.

81) 성적지향을 포함한 차별금지법안에 대한 비판적 접근, 영미법제 연구를 중심으로, 이상현, 법학논총 39, 2017. 9. 164면
위 자료 각주는, 'Romer v. Evans, 517 U.S. 620, 625(1996) (Denver Rev. Municipal Code, Art. IV §28-92와 Boulder Rev. Code §12-1-1을 인용)'이라고 설명하고 있다.
위 자료 저자는, 우리나라 인권위가 성적지향에 **주관적 선택 가능성**을 포함시키는 것을 '오류'라고 주장하는데, 이러한 인권위의 주장과 미국 주법, 미국 연방대법원의 성적지향에 대한 주장은 서로 극명하게 대조됨을 밝히고 있다.

분되는 성별(sex)이 아닌 내면에 깊게 보유하고 있는 사회적 성(gender)에 대해 정의하며, 생래적 성별(sex)과 같거나 다를 수 있는, 자신이 인식한 또는 실제적인 성(gender) 정체성이나, 대화 스타일이나 외모와 같이 자신을 표현하는 방식과 다른 취급이 있을 경우 성차별(gender discrimination)이 될 수 있음을 명시하고 있다.[82]

나. 캐나다

캐나다 온타리오주는 캐나다에서 최초로 1944년 인종차별금지법(Racial Discrimination Act)을 제정하였고, 1951년 고용차별금지법(Fair Employee Practices Act)과 동일임금법(Female Employee Fair Remuneration Act)을 입법하였다.

분산된 관련법들을 하나로 통합하고 업무를 포괄적으로 담당할 독립된 행정조직의 필요성이 대두되자, 1962년 온타리오 인권법(Ontario Human Rights Code)이 제정되었고, 이 법에 따라 온타리오 인권위원회(Ontario Human Rights Commission)가 설립되었다.

이후 캐나다 대부분의 지방정부와 연방정부가 인권 관련 통합법령을 제정하고 인권위원회를 설립하였다.

---

[82] 위 성적지향을 포함한 차별금지법안에 대한 비판적 접근, 이상현, 180면 이하
NYC Commission on Human Rights, Legal Enforcement Guidance on Discrimination on the Basis of Gender Identity or expression : Local Law No. 3 (2002) : N.Y.C. Admin. Code § 8-102(23).
간성(Intersex)에 대해서는 '전형적인 남자, 여자의 특성에 맞지 않는 생식적, 성해부학적 또는 성염색체상 특징을 가진 사람'으로 정의하고 있다.

캐나다 인권법은 인권법의 목적과 차별 개념의 정의, 관할과 지위, 차별의 사유 및 차별행위를, 고용 및 임금관련 차별금지, 차별금지 예외 규정 등을 담고 있다.

> 법률의 목적[83]
> 2. 이 법은 의회의 입법권한에 속하는 사안의 범위 내에서 모든 개인이 사회의 일원으로서 인종, 출신국가 또는 출신민족(national or ethnic origin), 피부색, 종교, 연령, 성별(sex), 성적지향(sexual orientation), 결혼여부, 가족관계, 신체장애 및 사면 받은 유죄판결 등을 근거로 차별 받지 않으면서 자신의 의무와 책임에 따라 각자가 가질 수 있고 또한 갖기를 원하는 삶을 누릴 수 있도록 타인과 동등한 기회를 가져야 한다는 원칙을 실행하기 위하여 법적 효력이 미치도록 함을 목적으로 한다.

인권위원회와 동시에 설립된 인권재판소[84]는 설립초기에는 인권위원회의 부설기관의 성격이 강했으나 인권재판소의 공정성에 대한 문제제기로 인하여 재정과 행정을 인권위원회로부터 독립시키고 공정성과 독립성을 확대하는 쪽으로 법을 개정하여 독립적 조직형태를 취했다고 한다[85].

캐나다 대법원도 캐나다 국가철도공사 사건에서 차별행위의 중지 및 정지, 채용에서의 관행을 변경하도록 명령하고, 이에 추가해 적극적 고용조치인 고용할당제의 내용을 구제명령으로 내린 바 있다[86].

캐나다 인권위원회가 발간한 인권법가이드에 따르면, 성적지향

---

83) 2008 각국의 차별금지법 제1권, 법무부, 245면. 다만, '법안의 목적'을 '법률의 목적'으로 수정함.
84) 인권심사단(Canadian Human Rights Panel)으로 출발하였다가 1998년 인권법의 개정으로 인권심판소(Canadian Human Rights Tribunal)로 명칭을 바꾸었다.
85) 위 소수자보호와 차별금지법 183면
86) 위 차별금지법안의 쟁점과 개선방안 406면

87)에 대해 홀대하는 발언(unwelcome remarks), 수치심을 주는 언어적 표현도 인권침해로 차별에 해당한다고 설명하고 있다.88)

캐나다 온타리오 주 의회는 2017. 6. 1. 아동청소년가족 보호법안(Bill 89, Supporting Children, Youth and Families Act, 2017)을 법률로 승인하였다.

그런데 이 법안의 지너 복지(the bests of the child)를 결성할 때 고려할 요소 중 인종, 피부색, 성적지향 외에 '성 정체성'과 '성 표현(gender expression)'을 추가로 삽입(Article 74, 179 (2) c)하였으나, 반면, 부모가 종교적 신앙(religious expression)에 따라 자녀를 양육할 권리를 삭제하면서 그 자녀의 신념, 공동체적 문화적 정체성을 존중하여 그에 따라 양육할 수 있도록 수정{Article 14 (a)}하였다.89)

이러한 제한에 대하여 종교단체에서는 같은 종교적 신앙을 갖도록 자녀를 양육하고자 하는 부모의 권한을 국가가 박탈하여 입양, 양육을 제한하고 있다고 강력히 반발하고 있다.

---

87) 캐나다의 인권법(Canadian Human Rights Act)은 1977년 제정되었는데, 1996년 개정시에 비로소 성적지향을 차별금지사유로 추가하였다. (차별금지법, 이준소, 고려대학교출판부, 132면)

88) 성적지향을 포함한 차별금지법안에 대한 비판적 접근, 이상현, 법학논총 39, 177면
위 자료 각주 52에서는, '캐나다 인권법 제14조 괴롭힘(harassment)의 적용 예로 설명하고 있다. Canadian Human Rights Commission, Your Guide to Understanding the Canadian Human Rights Act, 2-4(2010).
반면, 영국의 표현의 자유 법제 가이드에서는 '공공질서법(the Public Order Act 1986) 제29조 B에서 F에 규정된 성적지향에 대한 혐오표현 처벌규정은 성행위를 비판하거나 제약을 촉구하는 것, 동성결혼에 대한 비판은 적용범위에서 제외한다'고 서술하고 있다. Equality and Human Rights Commission, Freedom of Expression, 11-12면, 2015. www.equalityhumanrights.com'으로 설명되고 있다.

89) 위 성적지향을 포함한 차별금지법안에 대한 비판적 접근 179면

다. 일본

일본 헌법 제14조 제1항은 '모든 국민은 법 앞에 평등하고, 인종, 신조, 성별, 사회적 신분 또는 문벌에 따라 정치적, 경제적 또는 사회적 관계에서 처벌받지 못한다'라고 규정하고 있다.

노동기준법(1947년 제정) 제4조에서는 '남녀 동일 임금의 원칙'으로 사용자는 여성근로자라는 이유로 임금에 대해 남성과 차별적 취급을 금지하고 있다.

일본은, 자유권 규약, 사회권규약, 인종차별철폐조약, 여성차별철폐조약, 아동권리조약, 고문 등 금지조약 등 국제인권 조약의 체약국인데, 일본이 인종차별철폐조약에 가입한 것은 유엔에서 조약이 체결되고 나서 30년이나 지난 1995년에 들어서이다.

일반적으로 조약에 가입한 회원국은 조약 이행을 위한 국내법 정비의 의무를 지지만, 일본은 이러한 의무를 이행하지 않았다. 일본은 조약체결을 함에 있어 조약의 핵심이라 할 수 있는 차별행위를 범죄로 처벌하는 규정인 제4조(a)(b)에 대해 표현의 자유를 제약한다는 이유로 유보하였기 때문이다.

유엔의 인종차별철폐위원회는 2001년 최종견해를 발표한 이후 20여 년에 거쳐 지속적으로 포괄적인 차별금지법 제정을 권고해 오고 있지만, 일본정부는 헌법 14조하에서 인종차별을 규제하고 있기 때문에 포괄적 차별금지법은 일본사회에 필요하지 않다는

입장을 굽히지 않고 있다(외무성 2017, 20).[90]

1990년대 들어 일본은 국제사회로부터 다양한 경로를 통해 차별금지법 제정을 권고 받았음에도 불구하고 법 제정에는 부정적인 입장을 견지하고 있고, 필요하다면 구체적인 개별법 제정을 통해 법의 공백을 메워간다는 방침이다.

2016년 제정된 '일본외 출신자에 대한 부당한 차별적 언동해소를 위한 대응추진에 관한 법률, 이하 헤이트스피치해소법'은 같은 해 제정된 부락차별해소추진법, 장애자차별해소법과 더불어 개별법 확충이라는 방침 하에서 마련된 대표적인 인권법 사례라고 평가되고 있다.[91]

다만, 1985년 UN 여성차별철폐협약(CEDAW)에 따른 압력으로 남녀고용기회균등법을 제정하면서, 결혼, 임신해고, 교육훈련 및 복리후생의 차별만을 금지할 뿐, 모집, 채용, 배치 및 승진 영역에서는 단순히 노력의무만을 규정하다가, 2006년 제2차 법개정과 함께 간접차별 규정 등 차별 유형 등을 다양화하려고 시도했다[92].

그렇지만, 이러한 간접차별의 성립요건을 규정한 법 제7조 및 그와 관련된 '후생노동성령' 제2조에서는 모집·채용시 근로자의 신장 등, 코스별 고용관리제에서 종합직의 모집·채용시 전근에

---

90) 일본의 평등분야 다문화정책 : 차별금지법제를 중심으로, 이상현, 문화와 정치 7(3), 2020. 9. 53면
91) 위 자료, 57면
92) 일본은 1990년대 이후 국제사회에서 수차례 차별금지법의 제정을 권고하였지만 이를 구체적으로 입법화하지는 않았다.

대응, 승진과 관련해 전근 경험을 요건으로 하는 경우 등 총 3개 경우만 간접차별을 인정해 그 실익이 적다는 해석이 나오고 있다[93].

라. 남아프리카공화국

남아프리카공화국은 헌법에 의해 성적지향이 차별금지사유로 명시되어 있다.[94] 남아프리카공화국 헌법[95] 제9조(평등)에서 성적지향을 포함한 차별금지사유들을 예시하고 있다. 남아프리카공화국 헌법 제9조(평등)에서 성적지향을 포함한 차별금지사유들을 예시하고 있다. 그리고 인권위원회법(Human Rights Commission Act, 1994), 성평등위원회법(Commission on Gender Equality Act, 1996) 등이 성적지향 등에 의한 차별을 시정하는 기구이다.

---

93) 위 차별금지법안의 쟁점과 개선방안 406면

94) 남아프리카공화국 헌법은 1994. 4. 27. 실시된 선거에서 선출된 하원과 상원의 합동회의인 헌법회의에서 기초되었고 1996. 5. 8. 최종 헌법안을 제시하였다. 그러나 헌법재판소가 합헌성확인심리절차에서 위 안을 거부하였고, 결국 1996. 12. 4. 수정된 최종안의 합헌성을 확인하였으며, 이어 넬슨 만델라 대통령이 1996. 12. 10. 이 헌법안을 비준하였다. www.constitutionalcourt.org.za

95) 1996년 남아프리카공화국 헌법

남아프리카 공화국 헌법

제9조 (평등)
① 모든 사람은 법 앞에서 평등하며 동등한 법적 보호 및 혜택을 누릴 권리를 가진다.
② 평등은 모든 권리와 자유의 완전하면서도 동등한 향유를 포함한다. 평등의 실현을 증진하기 위해, 부당한 차별로 인해 불이익을 당한 자들 또는 그러한 부류를 보호하거나 그들에 대한 처우를 개선할 목적으로 마련된 입법 조치 및 기타 조치를 취할 수 있다.
③ 국가는 인종, 성별, 임신, 혼인 상태, 민족적 또는 사회적 출신, 피부색, 성적 지향, 연령, 장애, 종교, 양심, 신념, 문화, 언어 및 태생을 포함한 하나 이상의 사유를 근거로 하여 누군가를 직간접적으로 부당하게 차별해서는 안 된다.
④ 누구도 상기 제3항과 관련해 하나 이상의 사유를 근거로 하여 누군가를 직간접적으로 부당하게 차별해서는 안 된다. 부당한 차별 행위를 예방 또는 금지하기 위한 국법이 제정되어야 한다.
⑤ 상기 제3항에 나열된 사유 중 하나 이상을 근거로 한 차별은, 그러한 차별이 정당하다는 사실이 입증되지 않는 한, 부당한 것으로 간주된다.

마. 호주

호주의 차별관련 법률로는 인권 및 기회균등위원회법(Human Rights and equal Opportunity Act, 1986), 인종차별금지법(Racial Discrimination Act, 1975), 성차별금지법(Sex Discrimination Act, 1984), 장애인차별금지법(Disability Discrimination Act, 1992), 연령차별금지법(Age Discrimination Act, 2004) 등이 있다.

인권 및 기회균등위원회법에서의 차별은 제3조에서 다음과 같이 정의된다. 즉, 차별이란 고용이나 재직에 있어서 기회(opportunity)나 처우(treatment)의 평등을 해치는 효과를 갖는 인종, 피부색, 성별, 종교, 정치적 견해, 출신 국가(national extraction) 또는 사회적 태생에 근거한 차등(distinction), 배제(exclusion), 우대(preference)를 말한다.

discrimination, except in Part IIB, means:
(a) any distinction, exclusion or preference made on the basis of <u>race, colour, sex, religion, political opinion, national extraction or social origin</u> that has the effect of nullifying or impairing <u>equality of opportunity or treatment in employment or occupation</u>; and
(b) <u>any other</u> distinction, exclusion or preference that:
(i) has the effect of nullifying or impairing equality of opportunity or treatment in employment or occupation; and
(ii) has been declared by the regulations to constitute discrimination for the purposes of this Act;
but does not include any distinction, exclusion or preference:
(c) in respect of a particular job based on the inherent requirements of the job; or
(d) in connection with employment as a member of the staff of an institution that is conducted in accordance with the doctrines, tenets, beliefs or teachings of a particular religion or creed, being a distinction, exclusion or preference made in good faith in order to avoid injury to the religious susceptibilities of adherents of that religion or that creed.

인권 및 기회균등위원회법에 의해 1986년 설립된 호주의 인권 및 기회균등위원회(Human Rights and Equal Opportunity Commission, HREOC)는 기존의 인권위원회법(Human Rights Commission Act, 1981)에 의한 인권위원회를 확대 개편하여 인종차별법에 의한 인종차별위원회, 인권위원회법에 의한 인권위원회, 성차별법에 의한 성차별위원회를 통합하였다.[96]

1999년 인권 및 기회균등위원회법 개정 이전에는 위원들로 구성된 panel에서 법원과 유사한 심리(hearing)를 진행하여 차별여부를 결정하였으나, 법 개정을 통하여 진정 처리는 기본적으로 조정(conciliation)을 통하여 합의를 유도하는 것으로 바뀌었다.

---

[96] 위 법은 위 제3조에서 명시적 차별금지사유를 인종, 피부색, 성별, 종교, 정치적 의견, 출신국가 또는 출신지역으로 한정하여 비교적 간단하게 규정하면서도 '기타(any other)' 차별금지사유를 독립된 항으로 묶어 규정하고 있다.

이와 함께 위원회의 결정이 사법적 기능으로 호주 헌법의 권력분립의 원리를 침해한 것이라는 호주 법원의 결정이 있은 후 배상금 권고기능은 법원으로 이관되었다[97].

HREOC의 법제 관련 서비스 기능으로는 재판개입(intervention), 아미쿠스 큐리아이(amicus curiae)[98], 법령개선 검토, 소송에 관한 사항 등이 있다[99].

위원회의 재판개입 기능은 인권 및 기회균등위원회법에 근거를 두고 있으며 법원의 허가를 얻어 진행 중인 인권 관련 사건에 개입할 수 있다.

재판개입의 범위는 인권사건(근거: 인권 및 기회균등위원회법 제11조(1)(p)), 고용 및 직업상 차별(근거: 인권 및 기회균등위원회법 제31조(j)), 인종차별(근거 : 인종차별금지법 제20조(1)(e)), 성별·혼인여부·임신여부에 의한 차별 및 성희롱(근거 : 성차별금지법 제48조(1) (gb)), 장애인 차별(근거 : 장애인차별금지법 제67조(1)(l))과 관련된 재판에 대해 개입할 수 있다[100].

---

97) 위 소수자보호와 차별금지법 185면 이하
98) 원래 재판이 진행중인 사건에 대하여 당사자가 아님에도 불구하고 재판 과정에 관여할 수 있도록 법원의 허가를 받는 것을 의미. 아미쿠스 큐리아이는 법원의 친구란 의미. 아미커스 기능을 수행하는 자가 해당 사건의 중요성을 피력하고 재판에 관여하게 되는 경우를 의미한다.
호주 인권 및 기회균등위원회법 s.46PV1)에 의하면, 인권위원, 성차별위원, 장애인차별위원, 인종차별위원, 원주민사회정의위원에게는 연방법원과 연방행정법원 아미커스로 수행할 수 있는 기능이 주어진다. 이때 해당 인권위원은 '특별목적위원'(special-purpose Commissioner)으로 호칭된다.
99) 세계 주요국가 인권기구현황집, 국가인권위원회 국제협력담당관실 편, 2005. 95면
100) 위 소수자보호와 차별금지법 186면

아미쿠스에 관한 인권 및 기회균등위원회법의 내용은 아래와 같다.

46PV Amicus curiae function of Commission members
(1) A special-purpose Commissioner has the function of assisting the Federal Court and the Federal Magistrates Court, as amicus curiae, in the following proceedings under this Division:
(a) proceedings in which the special-purpose Commissioner thinks that the orders sought, or likely to be sought, may affect to a significant extent the human rights of persons who are not parties to the proceedings;
(b) proceedings that, in the opinion of the special-purpose Commissioner, have significant implications for the administration of the relevant Act or Acts;
(c) proceedings that involve special circumstances that satisfy the special-purpose Commissioner that it would be in the public interest for the special-purpose Commissioner to assist the court concerned as amicus curiae.
(2) The function may only be exercised with the leave of the court concerned.
(3) In this section, special-purpose Commissioner means:
(a) the Aboriginal and Torres Strait Islander Social Justice Commissioner; and
(b) the Disability Discrimination Commissioner; and
(c) the Human Rights Commissioner; and
(d) the Race Discrimination Commissioner; and
(e) the Sex Discrimination Commissioner.

3. 구체적인 분쟁사례들

미국에서 동성애 비판과 관련하여 발생한 사례들로는 아래의 내용들이 제시되고 있다[101].

- 미국 오레곤 주의 한 빵집 주인은 동성애자(레즈비언) 커플의 웨딩 케익 주문을 자신의 종교적 신념에 따라 거절하자, 법원으로부터 약 20만 달러의 벌금형을 선고받았고, 다수의 동성결혼 지지자들로부터 전화 및 이메일 등으로 수많은 살해 협박 등을 받음

- 미국 교단에서는 동성애자가 목사 안수를 받고 있는 반면, 오히려 동성애에 반대하는 목사는 목사직에서 면직

- Masterpiece Cakeshop, Ltd. v. Colorado Civil Rights Commission, 138 S. Ct. 1719(2018) : 콜라라도 주에서 매스터피스 케이크샵(Masterpiece Cakeshop)을 운영하고 있는 제빵사 잭 필립스(Jack Phillips)는 2012년경 동성커플의 결혼식 피로연을 위한 케이크 제작을 거부하였고, 이에 케이크 제작을 의뢰한 동성커플(이들은 2012년경 동성결혼이 합법화되지 않은 콜로라도 주 밖에서 결혼식을 올린 후 덴버의 집으로 돌아와 가족 및 친지들을 초청하여 결혼 축하 파티를 열었다. 이를 위하여 케이크를 주문했던 것)이 필립스의 판매거부는 콜로라도주 차별금지법(Colorado Anti-discrimination Act, CADA)[102]에 위반된다는 이유로 콜로라도주 시민권위원회(Colorado Civil Rights Commission, 이하 위원회)에 고발. 위원회는 '자신에게 동성커플의 결혼식 케이크를 만들도록 요구하는 것은 자신이 동의하지 않는 메시지를 표현하기 위해 자신의 예술적 재능을 사용하도록 강제함으로써 표현의 자유를 침해하고, 또한 종교행사의 자유를 침해한다'는 잭 필립스의 주장을 받아들이지 않았다. 위원회는 차별시정명령을 내림.
필립스는 항소,
콜로라도주 항소법원은 위원회의 결정을 번복하지 않음, 콜로라도주 대법원은 상고를 허가하지 않음.
그러나 연방대법원은 위원회가 이 사건을 다룸에 있어 연방헌법이 요구하는 종교적 중립성(religious neutrality)을 지키지 않음으로써 연방헌법 증보 제1조를 위반했다고 판단.[103]

---

101) 차별금지법과 동성애 독재 - 국가인권위원회법 제2조 제3호 "성적지향"의 문제점, 조영길 변호사, 142면 이하
그리고 사적영역에서 동성애자의 평등권 보장을 둘러싼 헌법적 쟁점 - 차별금지법 제정을 중심으로, 김송옥, 헌법재판연구 제7권 제1호(2020. 6.) 228면

102) 콜로라도주 차별금지법은 '장애, 인종, 신조, 피부색, 성별, 성적취향으로 인해 개인이나 집단에게 공공의 영역에서 재화, 서비스, 시설, 특권, 장점의 완전하고 동등한 향유를 거부하는 것'을 불법으로 규정하고 일반인을 대상으로 하는 모든 상업적 사업장에 적용된다. (국가인권위원회의 평등법(시안)에 대한 비판적 검토, 서헌제, 175면)

103) 미국 연방대법원의 위 2018년 판결에서, 동성결혼을 위한 케이크 만들기 거부는 상품 제공을 거절하는 일반적 범주의 거절과는 법적으로 다르고, 국가기관은 필립스 주장의 당부를 판단함에 있어서 수정헌법 제1조의 종교자유 조항(free exercise)과 종교적 중립조항(establishment)의 양면에서 판단해

그리고 캘리포니아 헤이스팅스(Hastings) 로스쿨에서 2004년 가을학기 기독교 학생 동아리 대표들이 전국 로스쿨의 학생 단체 소속의 법대기독신우회(Christian Legal Society, CLS)를 형성하면서 만든 정관을 학교에 제출하자, 학교는 위 CLS의 승인을 거부하였고, 이에 대한 소송인 미국 연방대법원 2010년 CLS v. Hastings 판결에서 위 대법원은 학교 당국의 조치가 수정헌법 제1조의 표현의 자유, 단체의사 표현의 자유에 위반되지 않는다고 판시하였다.[104]

2013년 뉴멕시코 주 대법원은, Elane Photography, LLC v. Vanessa Willock, 2013 사건에서, 성적지향 차별의 맥락 속에서 개인의 지위와 행위에 대한 구별의 곤란은 사람들로 하여금 개인의 행위에 근거해서 성적 지향에 대한 판단을 행할 수 있도록 하는데, 성적지향과 밀접하게 관련된 행위에 근거한 차별을 허용하는 것은 인권법의 목적을 심각하게 훼손하는 것이라고 판시하였다.[105]

야 하는데, 필립스의 종교적 면책주장에 대한 심사과정에서 보여준 인권위원회의 종교적 적대감은 수정헌법 제1조가 규정하는 국가기관의 종교적 중립성의 의무를 위반하였다고 판단하였다. (위 국가인권위원회의 평등법(시안)에 대한 비판적 검토, 175면)

104) 위 정관의 신앙고백서(Statement of Faith)에는 '성행위는 남녀간 결혼 외에서는 행해져서는 안 된다'고 써있고, CLS는 신앙고백서의 서약과 다른 종교적 확신 또는 회개하지 않는 동성애 행위에 가담하는 사람을 동아리 회원에서 배제할 수 있는 근거를 마련하였었다.
위 성적지향을 포함한 차별금지법안에 대한 비판적 접근, 이상현, 182면

105) 2003년 뉴멕시코 인권법을 통해 뉴멕시코 의회는 공중시설(public accommodation)이 성적 지향에 근거하여 사람을 차별하는 것을 금지하였다.
Elane Photography는 결혼식 사진 서비스를 제공해 주는 회사인데, 두 여성 간 약혼식(commitment ceremony) 사진 서비스 제공요청을 거절하였다.
이들이 뉴멕시코 인권위원회에 차별시정을 요청하였고, 인권위는 회사가 인권법을 위반하였다고 결정하였다. 위 회사는 1, 2심에서 패소한 후 주 대법원에 상고하게 되었다.
위 논문, 183면
위 논문에서는 미국 인디애나 주의 종교자유회복법에 대하여도 언급하고 있다.
즉, 종교적 신념의 표현이 차별금지법 위반으로 법적 제재를 받는 사건들이 증가함에 따라, 일부 주 의회는 1993년 연방법으로 채택되었던 종교 자유 회복법(Religious Freedom Restoration Act, RFRA)을 주 법률을 통해 더 확대시켜서 국가법제에 충돌되는 종교적 신념의 표현을 사법-행정절차에서의 항변으

영국은 2008년에 동성애와 종교에 대한 혐오표현을 처벌하는 입법을 하였고, 2010년 평등법을 전면 개정하여 동성애와 트랜스젠더리즘을 포함하는 포괄적 차별금지법을 완성하였는데, 다음과 같은 사례들이 발생하였다고 한다[106].

- 영국 고용재판소, '교도소 예배에서 반동성애 설교한 목사에 대한 징계는 정당',
배리 트레이혼 목사는 영국 HM교도소에 근무하면서 교도소 내 예배를 인도해 옴. 2014. 2월 예배에서 동성 간의 결혼은 잘못이라는 설교를 함. 이후 교도소 측은 트레이혼 목사의 설교를 금지. 2014. 5월 트레이혼 목사는 찬양 인도를 하면서 동성애를 금지하는 성경 고린도전서 6장 9~10절을 인용. 그러자 교도소측은 트레이혼 목사의 예배 인도를 아예 중단시키고 징계처분. 트레이혼 목사는 교도소의 징계가 영국 평등법이 금지하는 종교 차별행위라고 주장하며 소송을 제기. 그러나 그는 1심과 2심에서 모두 패소(Trayhorn v. The Secretary of State for Justice, United Kingdom Employment Appeal Tribunal, Appeal No. UKEAT/0304/16/RN)

- 영국 고용재판소 '영국 성공회가 동성애자를 교회의 청소년 사역자로 채용하지 않은 것은 차별'
2007년 영국 성공회의 청소년 사역자 채용에 지원하였다가 부합격한 게이 남성이 차별 소송에서 승소. 영국 고용재판소는 42세의 존 래니가 성적지향에 의한 차별을 당했다고 판단. 래니씨는 헤리포드 교구의 성공회 주교가 그에게 동성애 관계에 대해 질문을 했다고 주장.
고용재판소는 피고 성공회 교회가 원고에게 47,000파운드(약 7,300만원)을 배상하라는 판결을 함. [Reaney v Hereford Diocesan Board of Finance(2007) Employment Tribunal 1602844/2006(17 July 2007)]
원고인 래니씨는 게이 로비 그룹인 스톤월의 지지와 재정 지원을 받아 승소함.

로 적극적으로 수용하려는 시도가 나타났고,
2015. 7월 인디애나 주 상원을 통과한 종교자유회복법(RFRA)은, 일반적으로 적용되는 법에 의할 경우라고 하여도, 정부기관이 그 개인의 종교의 자유(exercise of religion)에 대해 상당한 제약을 가하는 것을 금지시키고 있다.
Ch.9. Sec.8 (a) a governmental entity may not substantially burden a person's exercise of religion, even if the burden results from a rule of general applicability.

106) 영국의 차별금지법 적용 판례와 사례, 전윤성 미국변호사, 2020. 8. 23. 뉴스윈코리아(NEWSWINKOREA)
위 자료 제11면 이하에서, 저자는 ① 장혜영 의원의 차별금지법안이 영국의 평등법과 유사한 내용을 담고 있고, 불이익 조치 금지조항(차별금지법안 제55조)의 경우 영국 평등법 제27조(Victimisation) 등과 거의 동일하고, ② 동성애 등을 이유로 적대적·모욕적 환경을 조성하는 등 신체적·정신적 고통을 주는 행위도 차별에 포함시켰는데(법안 제3조 제1항 제3호), 인권위는 이러한 행위를 괴롭힘이라고 정의하면서 혐오표현의 한 유형으로 보고 있고(혐오표현리포트, 국가인권위원회 2019, 23면), 이들 괴롭힘 규정은 영국 평등법 제26조(Harassment) 등과 매우 유사하다고 설명하고 있다. ③ 그리고 차별금지법안은 영국 평등법 제1조와 거의 유사한 내용으로 국가와 지방자치단체가 다른 법령, 조례와 규칙, 각종 제도 및 정책을 차별금지법의 취지에 부합하도록 시정할 의무를 부여하고 있기 때문에(차별금지법안 제4조 및 제9조), 차별금지법이 제정되면 영국 사례와 같이 성별제도, 혼인·가족제도, 병역제도 등 사회 전 영역에 있어 심각한 변혁이 발생될 것이 예상된다고 주장하고 있다.

- 영국 고용재판소 '직장에서 전도를 한 기독교인에 대한 징계는 정당'
영국 NHS 병원에 근무하고 있던 빅토리아 와스테니는 기독교인, 무슬림인 직장 동료에게 신앙서적을 선물해 주고 자신이 다니는 교회에 초대. 어느 날 그 직장 동료가 빅토리아의 사무실로 찾아와서 울면서 자신의 개인적인 문제를 이야기. 빅토리아는 상대방의 동의를 받고 '하느님, 저는 당신이 평화를 주시고 치료해 주실 것을 믿습니다.'라고 짧게 기도해 줌.
그러나 무슬림 동료는 주변인들로부터 압력을 받아 병원에 빅토리아에 대한 진정을 제기, 빅토리아는 정직과 감봉을 받게 됨.
그녀는 고용재판소에 병원이 평등법을 위반하여 자신에 대해 종교를 이유로 차별 대우를 하였다고 제소하였으나 패소. 법원은 그녀의 전도행위가 동료에 대한 종교적 괴롭힘이라고 하면서도 병원측의 징계에 대해서는 종교를 이유로 한 차별이나 괴롭힘은 아니라는 판결을 함. [Wasteny v. East London NHS Foundation Trust UKEAT/0157/15/LA(2016)]

- 토니 미아노(Tony Miano) 목사 노방 설교 후 체포 사건
2013. 7월 토니 미아노 목사는 영국 남부 윔블던에서 노방포교를 하며 성경 데살로니카 전서 4장 1~12절 말씀으로 성적 타락의 죄에 대한 설교를 했다가 경찰에 체포. 그의 설교는 모든 성적인 타락에 대한 내용이었고 동성애에 대한 것만은 아니었다.
당시 미아노 목사는 경찰서에서 7시간 동안 구금된 채 동성애와 유전자와 관련된 입장에 대한 질문을 지속적으로 받았다. 경찰은 미아노 목사에게 '사람들에게 분노, 스트레스, 경고, 모욕을 줄 수 있는 동성애 혐오적 발언을 하면 안 된다'는 공공질서법 제5조를 적용.
그러나 경찰은 미아노 목사에게 욕설을 내뱉은 행인들에 대하여는 처벌하지 않았다.

- 영국 법원 '반동성애 버스 광고 불허는 정당'
2012년 동성애자 권리지 운동을 하는 Stonewall이라는 단체가 영국 런던시내 버스에 '어떤 사람들은 동성애자이다. 인정하라!'(SOME PEOPLE ARE GAY. GET OVER IT!)라는 광고문구를 게재.
이에 대응하여 기독단체인 Core Issues Trust는 2012. 4월에 '나는 동성애자가 아니고, 예전에 동성애자였다. 탈동성애자인 것이 자랑스럽다. 극복해라!'(NOT GAY! EX-GAY, POST-GAY AND PROUD. GET OVER IT!)라는 광고를 런던 시내버스에 게재. 그러나 많은 항의를 받은 런던 운송회사는 탈동성애 광고만 중단.
Core Issues Trust는 런던 운송회사를 상대로 소송을 제기하였으나 1심과 2심에서 모두 패소. 항소법원은 런던 운송회사의 행위가 적절하지는 않았으나 불법적이거나 인권 침해를 한 것은 아니라고 판시하여 역차별 논란이 일어났다[Core Issues Trust v Transport for London (2013) EWHC651(Admin)].

- 영국 트랜스젠더의 교도소 성폭행 사건
영국에서 자신을 여성이라고 주장하는 한 남성 강간범이 여성 전용 교도소에 이감된 후 다수의 여성수감자들을 상대로 성범죄를 저지름. 스테판 우드라는 영국 남성은 성전환 수술을 받지 않은 생물학적 남성임에도 스스로를 여성이라고 주장해 2017. 가을 영국 웨스트요크셔주 뉴 홀 여성교도소로 이감. 그는 이후 9월부터 11월까지 네 명의 여성을 대상으로 성추행을 함. 과거 남성으로서 강간과 아동성범죄 전력이 있는 이 남성은 2014년부터 자신의 성정체성을 여성이라고 말하며 카렌 화이트로 이름을 바꾸고 가발을 쓰는 등 스스로를 여성이라고 주장.

위 사건 전인 2017. 1월 영국 법무부는 수감자가 성정체성을 스스로 선택할 권리를 강조하며 성별 변경 절차가 간소화되도록 젠더승인법(Gender Recognition Act)을 개정하였음. 그래서 우드와 같은 남성들이 생물학적으로 완전한 남성임에도 여성이라고 주장함으로써 여성 전용 교도소에 수감될 수 있게 된 것. 우드는 총 4건의 성범죄 혐의 중 자백한 2건에 대해 유죄판결을 받았고 이후 남성 전용 교도소로 이감됨.

이 사건으로 인해 영국에서는 사상 최초로 트랜스젠더 전용 교도소가 설립됨.

- 영국 고등재판소 '동성커플에게 입양 서비스를 제공하지 않은 천주교 입양기관은 차별금지법 위반'

영국 고등재판소(Upper Tribunal)는 천주교 입양기관인 Catholic Care가 '동성커플에게 입양서비스를 제공하게 되면 기부금 모집을 하지 못할 것이고 그에 따라 입양이 감소하게 된다'는 이유만으로 동성커플에 대한 입양을 제외할 수는 없다고 결정. [Care (Diocese of Leeds) v Charity Commission for England and Wales, CA/2010/0007 UKUT (Tax & Chancery) (2 Nobember 2012)].

이 단체는 입양 부모를 모집하고 적합성 평가를 하며 입양과 관련된 필요한 지원과 교육을 제공하였는데, 입양 후의 지속적인 지원도 하고 있었다. 특히 이 단체는 장애, 연령, 피부색 등의 이유로 일반 아동보다 입양이 어려운 아동을 입양시키는 데 있어 큰 성과를 내고 있었다. 또한 카톨릭 교회의 기부금으로 운영되는 '입양 후 부모 지원 프로그램'으로 인해 다른 입양기관에 비해 더 낮은 입양 실패율을 유지하고 있었다.

다른 카톨릭 입양단체와 마찬가지로, 카톨릭 케어는 결혼의 신성함에 대한 로마 카톨릭의 교리를 따르고 있었는데, 정관에 가족생활의 모델로 아빠와 엄마와 자녀로 구성된 거룩한 '나자렛 가족'이 규정되어 있었다. 이에 근거하여 동성 커플에게는 입양 서비스를 제공하지 않았고, 혼인을 한 이성 커플에게만 입양서비스를 제공해 왔다.

- 군인 간 동성 성행위 허용

성적지향이 포함된 포괄적 차별금지법이 제정되면, 군인 간의 동성 성행위를 금지하는 군형법 조항은 자연스럽게 폐지의 수순을 밟을 것으로 예상. 영국의 경우 2010년에 평등법을 포괄적 차별금지법이 형태로 전면 개정히여 성적지향 사별금지를 전 영역으로 확대하였고, 이후 2016년에 군사법(The Armed Forces Act 2016)이 개정되어 군인 간 동성 성행위를 할 경우 해임할 수 있다는 조항이 삭제되는 단계를 거침.

영국에서 발생한 Ashers Baking Company 사례를 보면, 종교적 양심의 자유를 지키기 위하여 천로역정과도 같은 소송들을 감내해 왔는데, 아래의 내용이다.[107]

---

107) 국가인권위원회의 평등법(시안)에 대한 비판적 검토 - 성소수자 차별금지와 종교의 자유를 중심으로, 서헌제, 교회와 법 7(1), 2020. 8. 170면 이하

사실관계 :
McArthur 부부는 1992년부터 영국과 아일랜드에서 Ashers Baking Company Ltd라는 상호로 6개의 가게, 65명의 직원을 채용하여 제과점 운영, 2014. 5월 동성애자 Lee는 Ashers에 들러 북아일랜드의 동성 결혼 지원행사에 가져갈 케이크를 주문하면서 케이크에 '동성결혼 지원'이라는 문양을 새겨주기를 부탁, 맥아더 부인은 주문을 수용, 그러나 기독교인의 양심상 그런 케이크를 제작할 수 없다는 이유로 케이크 대금을 환급,

항소심까지의 처분 및 판단 :
북아일랜드 평등위원회(Equality Commission for Northern Ireland)는 케이크 주문 거절은 평등법(SORs)과 평등고용명령(FETO)에서 금지하는 직접차별이라고 결정,
지방법원 판사도 이를 지지하는 판결,
항소법원에 유럽인권협약(European Convention on Human Rights : ECHR) 제9조(양심의 자유, 종교의 자유)와 제10조 (표현의 자유)에 의해 보장되는 권리와 배치됨을 이유로 항소, 항소법원은 항소기각
영국대법원에 상고 허가 청구,

영국 대법원의 상고허가 판결 : Lee v. Ashers Baking Co. [2018] UKSC 49
유럽인권협약 제9조 제1항은 '모든 사람은 사상, 양심 및 종교의 자유에 대한 권리를 가진다. 이러한 권리는 자기의 종교 또는 신념을 변경하는 자유와 단독으로 또는 다른 사람과 공동으로, 공적 또는 사적으로 예배, 선교, 행사와 의식에 의하여 그의 종교 또는 신념을 표명하는 자유를 포함한다'고 규정,

제9조의 첫 번째 적용사례인 Kokkinakis v Greece(1993)에서, (30) 17 EHRR 397, PARA 31) 유럽사법재판소는 '제9조에 포함된 사상, 양심, 종교의 자유는 민주사회의 기초를 이루는 권리이다. 종교자유는 신앙인들의 정체성과 그들의 삶의 개념에 있어서 가장 중요한 요소이고 또한 무신론자, 불가지론자, 회의론자 및 무관심자들에게 귀중한 자산이다. 수세기에 걸쳐 이룩한 민주사회와 분리될 수 없는 다원주의가 이에 의존한다. 따라서 어떤 사람이 가지지 않은 믿음을 표현하도록 법적 강제를 하는 것은 제9조 제1항에 의해 제한을 받는다'라고 판시,
Buscarini v San Marino (1999) 사례에서도 유럽사법재판소는 불신자에게 의회 회원의 지지를 유지하는 조건으로 크리스천임을 서약하게 하는 것은 제9조 위반으로 판정,

한편, 자신이 가지지 않은 믿음의 강요나 표현강제의 금지는 유럽인권협약 제10조도 규정한다. 제10조 제1항은 '모든 사람은 표현의 자유에 대한 권리를 가진다. 이 권리는 의견을 가질 자유와 공공당국의 간섭을 받지 않고 국경에 관계없이 정보 및 사상을 주고받는 자유를 포함한다.'

유럽인권협약 제9조, 제10조는 종교의 자유, 표현의 자유도 법에 의한 제한가능성을 열어 놓고 있다.

따라서 일반인을 상대로 상품과 서비스를 제공하는 사업자는 주문자가 동성애자이거나 동성결혼을 지지한다는 이유만으로 제품서비스의 공급을 거절할 수 없다. 중요한 사실은 그들이 종교적 신념상 강하게 반대하는 메시지를 새겨놓은 케이크의 공급을 거절한 것. 그들은 메시지가 죄 가운데 사는 삶의지지, 특정 정당지지, 특정 교파의 지지를 담은 메시지를 새겨놓은 케이크 제조를 거절할 권리가 있다. 이 사건에서 그 특정 메시지가 성적지향에 관련되었을 뿐이다.

영국의 1998년 인권법(Human Rights Act) 제3조 (1)에 따르면, 영국의 모든 법은 유럽인권협약에 일치하는 방식으로 해석되고 효력이 있다고 규정. 따라서 FETO도 상품과 시설, 서비스 공급자가 그들이 동의하지 않은 메시지를 표현하도록 강요하는 방식으로 해석되거나 효력을 가져서는 안된다.

한편, 영국 공공질서법(Public Order Act 1986)은 아래의 내용인데, 영국의 평등법에서는 문서위조죄 등에 대한 예외적인 처벌 규정을 두고 있고 차별금지사유에 대하여는 공공질서법이 적용되는 법체계이다.[108]

우리나라의 장혜영 의원 대표발의한 차별금지법안 등에서는 법안 제55조의 불이익조치 금지 규정[109]을 위반하였을 경우에 제56조에 의한 1년 이하의 징역 또는 1천만원 이하의 벌금, 제57조에 의한 양벌규정에 처해지도록 설계되어 있다.

---

108) 영국의 공공질서법(the Public Order Act 1986)에서는 성적지향에 근거하여 증오를 확산시킬 의도를 가지고 행하는 표현과 행위를 범죄로 규정(Sec. 29 AB)하고 있다. 그러나 윤리에 관한 길거리 설교(street preaching)에는 이 규정의 적용을 배제하면서, 성적 행위에 대한 비판 또는 그런 행위를 금하거나 수정하도록 촉구하는 표현은 증오를 확산시킬 의도가 없는 것으로 간주할 것을 규정한다(Sec.28 JA).
이는 일종의 위법성조각사유 규정으로 성적행위를 포함하는 성적지향에 대한 혐오표현에 대한 처벌이 시작되자, 도덕적, 윤리적 그리고 종교적 측면에서 성적 행위에 대한 비판 자체가 혐오표현으로 처벌되는 문제가 발생하였고, 이로 인해 표현의 자유, 양심의 자유를 지나치게 제약한다는 비판에 대응하기 위한 법개정이라 추측된다고 한다. (위 성적지향을 포함한 차별금지법안에 대한 비판적 접근 188면)

109) 제55조(불이익 조치의 금지)
① 사용자 및 임용권자, 교육기관의 장(이하 이 조에서 "사용자등"이라 한다)은 차별을 받았다고 주장하는 자 및 그 관계자가 이 법에서 정한 구제절차의 준비 및 진행 과정에서 진정 또는 소의 제기, 증언, 자료 등의 제출 또는 답변을 하였다는 이유로 해고, 전보, 징계, 퇴학, 그 밖에 신분이나 처우와 관련하여 불이익한 조치를 하여서는 아니 된다. 이 경우 불이익한 조치에는 공익신고자 보호법 제2조 제6호 각 목에 규정된 사항이 포함된다.
② 제1항의 사용자등의 불이익 조치는 무효로 한다.

4 Fear or provocation of violence.

(1) A person is guilty of an offence if he—
(a) uses towards another person threatening, abusive or insulting words orbehaviour, or
(b) distributes or displays to another person any writing, sign or other visible representation which is threatening, abusive or insulting,
with intent to cause that person to believe that immediate unlawful violence will be used against him or another by any person, or to provoke the immediate use of unlawful violence by that person or another, or whereby that person is likely to believe that such violence will be used or it is likely that such violence will be provoked.

(2) An offence under this section may be committed in a public or a private place, except that no offence is committed where the words or behaviour are used, or the writing, sign or other visible representation is distributed or displayed, by a person inside a dwelling and the other person is also inside that or another dwelling.

...

(3) A person guilty of an offence under this section is liable on summary conviction to imprisonment for a term not exceeding 6 months or a fine not exceeding level 5 on the standard scale or both.

4A Intentional harassment, alarm or distress.

(1) A person is guilty of an offence if, with intent to cause a person harassment, alarmor distress, he—
(a) uses threatening, abusive or insulting words or behaviour, or disorderly behaviour, or

(b) displays any writing, sign or other visible representation which is threatening, abusive or insulting,
thereby causing that or another person harassment, alarm or distress.

(2) An offence under this section may be committed in a public or a private place, except that no offence is committed where the words or behaviour are used, or the writing, sign or other visible representation is displayed, by a person inside a dwelling and the person who is harassed, alarmed or distressed is also inside that or another dwelling.

(3) It is a defence for the accused to prove—
(a) that he was inside a dwelling and had no reason to believe that the words or behaviour used, or the writing, sign or other visible representation displayed, would be heard or seen by a person outside that or any other dwelling, or

(b) that his conduct was reasonable.

...

(5) A person guilty of an offence under this section is liable on summary conviction to imprisonment for a term not exceeding 6 months or a fine not exceeding level 5 on the standard scale or both.]

5 Harassment, alarm or distress.

(1) A person is guilty of an offence if he—

(a) uses threatening [F5 or abusive] words or behaviour, or disorderly behaviour, or

(b) displays any writing, sign or other visible representation which is threatening[F5 or abusive],
within the hearing or sight of a person likely to be caused harassment, alarm or distress thereby.

(2) An offence under this section may be committed in a public or a private place, except that no offence is committed where the words or behaviour are used, or the writing, sign or other visible representation is displayed, by a person inside a dwelling and the other person is also inside that or another dwelling.

(3) It is a defence for the accused to prove—
(a) that he had no reason to believe that there was any person within hearing or sight who was likely to be caused harassment, alarm or distress, or
(b) that he was inside a dwelling and had no reason to believe that the words or behaviour used, or the writing, sign or other visible representation displayed, would be heard or seen by a person outside that or any other dwelling, or
© that his conduct was reasonable.
...

(6) A person guilty of an offence under this section is liable on summary conviction to a fine not exceeding level 3 on the standard scale.

"배움이 없는 자유는 언제나 위험하며,
자유가 없는 배움은 언제나 헛된 일이다."
-존 F. 케네디

Ⅲ. 보론(補論) 및 여론(餘論)

1. 우리나라 헌법질서

차별금지법의 제정을 요구하는 측에서 주장하는 내용 중 하나는, 국제사회가 지속적으로 차별금지법의 제정을 요구한다는 점이다.

유엔의 조약감시기구(Treaty Monitoring Bodies)인 사회권규약위원회(CESCR), 인종차별철폐위원회(CERD), 여성차별철폐위원회(CEDAW), 아동권리위원회(CRC)는 물론, 유엔 인권이사회(Human Rights Council)의 정례인권검토(Universal Periodic Review)에서도 차별금지법의 제정을 권고한 바 있다.[110]

그런데 위 권고에는 구속력이 존재하지 않지만, 우리나라 법원 및 헌법재판소가 헌법질서상 가족제도 등에 대하여 판단해온 내용은 아래와 같다.[111]

이들 판단내용은, 우리나라 헌법 제36조 제1항에 대하여 혼인제도를 헌법적으로 보장하는 제도보장으로 파악하고 있는데, 제도보장이란 장래에도 계속 존속해야 하는 중요하고 가치 있는 특정 제도를 헌법에 규정함으로써 입법자가 입법을 통하여 존재하는 제도를 폐지하거나 근본적으로 변화시키는 것을 방지하기 위한 헌법적 보장을 말한다.[112]

---

110) 사적영역에서 동성애자의 평등권 보장을 둘러싼 헌법적 쟁점, 김송옥, 헌법재판연구 제7권 제1호 (2020. 6.) 213면
111) 위 사적영역에서 동성애자의 평등권 보장을 둘러싼 헌법적 쟁점 232면
112) 제도적 보장에 대하여는 헌재 1997. 4. 24. 95헌바48 결정 참조.

우리 헌법 제36조 제1항[113] 및 민법 제826조, 827조, 847조, 848조, 850조, 851조 등에 의하면, 혼인은 남과 여의 결합임을 전제하고 있다.

헌법과 법률에 따라 재판하는 대법원이나 헌법재판소 역시 이러한 전제를 따르고 있음을 물론이다.

'혼인은 남녀의 애정을 바탕으로 하여 일생의 공동 생활을 목적으로 하는 도덕적, 풍속적으로 정당시 되는 결합이다.' (대법원 1982. 7. 13. 선고 82므4 판결, 대법원 1999. 2. 12. 선고 97므612 판결, 대법원 2000. 4. 21. 선고 99므2261 판결, 대법원 2003. 5. 13. 선고 2003므248 판결, 대법원 2015. 2. 26. 선고 2014므4734, 4741 판결 등 참조)

'헌법 제36조 제1항은 혼인과 가족생활은 개인의 존엄과 양성의 평등을 기초로 성립되고 유지되어야 하며, 국가는 이를 보장한다라고 선언하고 있는바, 무릇 혼인이란 남녀 간의 육체적, 정신적 결합으로 성립하는 것으로서, 우리 민법은 이성 간의 혼인만을 허용하고 동성 간의 혼인은 허용하지 않고 있다(대법원 2011. 9. 2.자 2009스117 전합체 결정).

혼인이 1남 1녀의 정신적-육체적 결합이라는 점에 있어서는 변화가 없다(헌법재판소 1997. 7. 16. 선고 95헌가6)
혼인은 근본적으로 애정과 신뢰를 기초로 하여 남녀가 결합하는 것(헌법재판소 2011. 11. 24. 선고 2009헌바146)

동성간 성행위에 대하여 우리나라 법제상으로는 군형법상 제재를 제외하면 규제는 없었다. 그러나 우리나라 헌법재판소 등에서는 비정상이며 성적 수치와 혐오를 야기하는 성행위로 판단한 바 있다.[114]

제도적 보장은 객관적 제도를 헌법에 규정하여 당해 제도의 본질을 유지하려는 것으로서, 헌법제정권자가 특히 중요하고도 가치가 있다고 인정되고 헌법적으로 보장할 필요가 있다고 생각하는 국가제도를 헌법에 규정함으로써 장래의 법발전, 법형성의 방침과 범주를 미리 규율하려는데 있고, 이러한 제도적 보장은 주관적 권리가 아닌 객관적 법규범이라는 점에서 기본권과 구별되기는 하지만 헌법에 의하여 일정한 제도가 보장되면 입법자는 그 제도를 설정하고 유지할 입법의무를 지게 될 뿐만 아니라 헌법에 규정되어 있기 때문에 법률로써 이를 폐지할 수 없고, 비록 내용을 제한한다고 하더라도 그 본질적 내용을 침해할 수 없다는 내용으로 판단하고 있다.

113) 헌법 제36조(혼인과 가족생활보장, 모성보호, 국민보건보호)
① 혼인과 가족생활은 개인의 존엄과 양성의 평등을 기초로 성립되고 유지되어야 하며, 국가는 이를 보장한다.
② 국가는 모성의 보호를 위하여 노력하여야 한다.
③ 모든 국민은 보건에 관하여 국가의 보호를 받는다.

114) 헌법재판소 2002. 6. 27. 선고 2001헌바70 결정, 2011. 3. 31. 선고 2008헌가21결정, 2016. 7. 28. 선고 2012헌바258 결정 등.

성적 자기결정권에 대한 헌법재판소 2002. 10. 31. 99헌바40 등 사건에서의 판단내용은 아래 부분이다.

성적 자기결정권은 헌법 제10조에서 보장하는 인격권 및 행복추구권, 헌법 제17조에서 보장하는 사생활의 비밀과 자유는 타인의 간섭을 받지 아니하고 누구나 자기운명을 스스로 결정할 수 있는 권리를 전제로 하는 것이다. 이러한 권리내용 중에 성적 자기결정권이 포함되는 것은 물론이다.
성적 자기결정권은 각인 스스로 선택한 인생관 등을 바탕으로 사회공동체 안에서 각자가 독자적으로 성적 관(觀)을 확립하고, 이에 따라 사생활의 영역에서 자기 스스로 내린 성적 결정에 따라 자기 책임 하에 상대방을 선택하고 성관계를 가질 권리를 의미하는 것이다.

우리나라에서 트랜스젠더를 강간죄의 객체로 인정한 판결에서 판시된 내용은 다음과 같다. 이 하급심의 판결에서는 젠더 이데올로기적 측면이 상당한 정도 반영되어 수용되고 있다.

부산지방법원 2009. 2. 18. 선고 2008고합669 판결
- 사람의 성을 구분함에 있어서 과거에는 성염색체, 생식선(내부성기), 외부성기 등 주로 생물학적 요소에 의존하여 왔다. 그러나 사람은 생물학적 존재임과 동시에 사회적, 정신적 존재이므로, 성개념 또한 자연적인 자웅개념(sex)을 넘어 정신적, 사회적 성별개념(gender)로 이해하고, 이에 따라 새로운 방식으로 사람의 성별을 구분할 수 있어야 한다는 인식이 점차 확산되었다.

그리하여 이제는 위와 같은 생물학적인 요소와 함께 개인의 성별에 대한 귀속감, 사회적으로 승인된 그 성별에 고유한 행동과 태도, 성격상의 특징까지 드러나는 성역할상의 문제 등 정신적, 심리적, 사회적 요소를 종합적으로 고려하여 사회통념에 따라 합리적으로 남녀를 구분하여야 한다는 것이 확립된 견해가 되었다.

생물학적인 성과 정신적 성이 일치하는 사람들은 태어나면서부터 자연스럽게 사회의 일원으로서 자신에게 부여된 성 역할을 수행하면서 삶을 영위할 수 있게 된다. 그러나 외부성기로 표현된 자기 신체의 성과 자신이 인식하는 성이 일치하지 아니하는 성정체성 장애의 일종인 이른바 성전환증(transsexualism)은 자신의 신체적인 성을 극도로 혐오하여 이를 제거하거나 변형하여 상대 성징을 얻으려고 하는 대단히 심각하고도 절실한 고통을 가진 특이한 병적 현상으로서, 사회는 이들에 대하여 의학상, 법률상, 사회생활상의 신중하고도 적절한 처우를 할 필요가 있다.

트랜스젠더의 성별정정 허가 요건에 관련한 대법원 2006. 6. 22.자 2004스42 전원합의체 결정에서는 다음과 같은 판단이 되

었다.[115]

그러나 출생 후의 성장에 따라 일관되게 출생 당시의 생물학적인 성에 대한 불일치감 및 위화감·혐오감을 갖고 반대의 성에 귀속감을 느끼면서 반대의 성으로서의 역할을 수행하며 성기를 포함한 신체 외관 역시 반대의 성으로서 형성하기를 강력히 원하여, 정신과적으로 성전환증의 진단을 받고 상당 기간 정신과적 치료나 호르몬 치료 등을 실시하여도 여전히 위 증세가 치유되지 않고 반대의 성에 대한 정신적·사회적 적응이 이루어짐에 따라 일반적인 의학적 기준에 의하여 성전환수술을 받고 반대 성으로서의 외부 성기를 비롯한 신체를 갖추고, 나아가 전환된 신체에 따른 성을 가진 사람으로서 만족감을 느끼고 공고한 성정체성의 인식 아래 그 서에 맞춘 의복, 두발 등의 외관을 하고 성관계 등 개인적인 영역 및 직업 등 사회적인 영역에서 모두 전환된 성으로서의 역할을 수행함으로써 주위 사람들로부터도 그 성으로서 인식되고 있으며, 전환된 성을 그 사람의 성이라고 보더라도 다른 사람들과의 신분관계에 중대한 변동을 초래하거나 사회에 부정적인 영향을 주지 아니하여 사회적으로 허용된다고 볼 수 있다면, 이러한 여러 사정을 종합적으로 고려하여 사람의 성에 대한 평가 기준에 비추어 사회통념상 신체적으로 전환된 성을 갖추고 있다고 인정될 수 있는 경우가 있다 할 것이며, 이와 같은 성전환자는 출생 시와는 달리 전환된 성이 법률적으로도 그 성전환자의 성이라고 평가받을 수 있을 것이다.

그리고 현역병입영대상자의 성주체성장애(Gender Identity Disorder)의 정도 판단과 관련하여 서울고등법원(2016. 9. 28. 선고 2015누70807 판결)은, '원고 자신의 성정체성에 관한 초등학교 3학년 때부터 현재까지의 상세한 진술, 4년 동안 여러 병원에서 정신과 상담치료를 받고 성주체성장애로 진단받았으며 호르몬치료도 받은 적이 있는 점, 기존에 상담치료를 받은 여러 병원에서의 공통된 검사결과와 진단 및 상담내역, 법원에서 촉탁한 신체감정의의 의학적 소견 등을 종합하여 볼 때, 원고의 성주체성장애는 경도를 넘는 정도에 해당'한다고 판단하였다.

---

115) 우리나라 대법원은 2011. 9. 2.자 2009스117 전원합의체 결정에서 성전환자에게 미성년자인 자녀가 있는 경우에는 성별정정을 허가하지 못한다고 결정하였다.
이러한 점은 일본 최고재판소의 2021. 11. 30. 결정에서도 동일하다. 즉, 9살짜리 딸이 있는 52세 남자가 호적상의 성별을 여성으로 변경할 것을 청구하였는데, 1심과 2심은 모두 기각하였고, 위 최고재판소 결정도 항고를 기각하였다. (미성년 자녀를 둔 성전환자의 성별변경에 관한 일본 최고재판소 결정, 윤진수, 법률신문 2022. 1. 6.)

남군 부사관으로 임관하여 전차 조종수로 임무를 수행하던 중 태국에서 성전환수술을 받고 귀국한 후 의무조사위원회의 의무조사를 받은 후 육군본부 전역심사위원회가 전역의결을 하자 육군참모총장이 이를 통지하였는데, 이에 대하여 전역처분의 취소를 구하는 소송(대전지방법원 2021. 10. 7. 선고 2020구합104810 전역처분취소청구의 소)에서 위 법원은, 전역처분 당시 그 성별을 여성으로 평가하는 것이 타당하므로 전역처분은 위법하다고 판단하였다.

이상의 판단들을 종합하면, 우리는 양성평등을 바탕으로 혼인과 가족제도가 국가의 보호대상이 되는 기본적 헌법질서를 유지하면서, 예외적으로 제한된 상태에서 성별 정정을 하고 있고, 젠더 이데올로기에서 말하듯 사회학적 성을 기본원칙으로 하고 있지 않음이 확인된다.

다만, 성적 자기결정권에 따라서 성인이 군형법상의 제재나 일반 형법상의 제한이 아닌 영역에서 자신의 성적인 자기결정권을 행사하는 것은 제한되지 않고 있다.

2. 족자카르타 원칙과 국제규범들

아직까지 성소수자들을 보호하기 위한 유엔 차원의 국제협약은 존재하지 않는 것으로 분석된다.[116]

그런데 성소수자의 인권문제에 관심을 갖던 25개국 29명의 전문가들이 2006. 11. 6.부터 9.까지 인도네시아의 족자카르타 가자 마다 대학교(Gadjah Mada University)에서 회의를 개최하여 '족자카르타[117] 원칙 : 성적지향과 성 정체성과 관련한 국제인권법의 적용에 관한 원칙들'이라는 내용을 문서화하였다.

위 문서를 채택한 '국제인권법과 성직지향 및 성 정체성 전문가 패널'의 공동의장은 소니아 오누퍼 코레아(Sonia Onufer Correa)와 윗팃 문타본(Vitit Muntarbhorn)이었다고 한다[118].

위 문서는 우리의 인터넷에서도 쉽게 발견되는데, 총 29가지의 원칙 중 성 소수자의 권리와 관련하여 주목되는 내용은 18번째, 29번째이다. 18번째 원칙은 성 소수자들이 의료 남용으로부터 보호되어야 한다는 주장을, 24번째 원칙은 모든 사람이 성적지향 또는 성 정체성에 관계없이 가정을 세울 권리가 있으며 가족들은 다

---

116) 한국의 차별금지법 제정 추진과 국제인권규범의 시사점, 오영달, 민족연구 77호 특집, 84면
117) 알파벳 표기는 Yogyakarta이다. 인도네시아의 족자카르타이다. 그런데 이를 욕야카르타 또는 요그야카르타로 부르는 분들도 있지만, 본래 지명의 발음에 따라 족자카르타로 표기한다.
118) 나무위키에 의하면, 아일랜드 최초의 여성 대통령을 지내고 초대 유엔인권고등판무관에 올랐던 메리 로빈슨(Mary Robinson)을 비롯한 UN인권조약기구들의 위원, 전문가, 법관, 민간단체 등이 이 원칙 작성에 참여했다고 한다.

양한 형태로 존재[119]하며 어떤 가족도 그 구성원의 성적지향 또는 성 정체성 때문에 차별을 받아서는 안 됨을 선언하고 있다.

전문
우리, 국제인권법과 성적지향 및 성별정체성에 관한 전문가 국제 패널은,

모든 인간은 태어나면서부터 자유로우며 동등한 존엄성과 권리를 가진다는 것, 그리고 모든 사람들이 인종, 피부색, 성별, 언어, 종교, 정치적 또는 기타의 의견, 민족적 또는 사회적 출신, 재산, 출생 혹은 기타의 신분 등 어떠한 종류의 구별 없이, 인권을 향유할 자격이 있다는 것을 상기하며,

성적지향이나 성별정체성을 이유로 세계 전지역의 사람들에게 폭력, 괴롭힘, 차별, 배제, 낙인, 편견이 가해지고 있다는 것, 이러한 경험이 성별, 인종, 나이, 종교, 장애, 건강, 경제적 지위에 근거한 차별과 결합되어 악화되고 있다는 것, 그리고 이같은 폭력, 괴롭힘, 차별, 배제, 낙인, 편견이 학대 받는 이들의 고결함과 존엄성을 훼손시키고, 그들의 자존감과 지역사회 소속감을 약화시킬 수 있고, 많은 이들로 하여금 자신의 정체성을 숨기거나 감추고 공포를 갖고 보이지 않는 존재로 살아가게 한다는 사실에 우려하며,

역사적으로 사람들이 인권침해를 겪어온 이유가, 레즈비언, 게이, 양성애자이거나 혹은 그렇다고 여겨지거나, 합의하에 동성간의 성관계를 갖거나, 트랜스섹슈얼, 트랜스젠더, 인터섹스이거나 혹은 그렇다고 여겨지거나, 성적지향이나 성별정체성으로 구분되는 특정 사회집단에 소속된 경우라는 것을 인식하며,

'성적지향'은 이성, 동성에게 혹은 하나의 성에 구애받지 않고 감정적, 호의적, 성적으로 깊이 끌릴 수 있고 친밀하고 성적인 관계를 맺을 수 있는 개개인의 가능성을 의미한다는 것을 이해하며,

'성별정체성'은 각 개인이 깊이 느끼고 있는 내적이고 개인적인 젠더(gender)의 경험으로, 이 경험은 태어나면서부터 결정된 성과 일치할 수도 그렇지 않을 수도 있으며, 신체에 대한 개인적인 의식(내과적, 외과적 혹은 기타의 방법으로 신체의 외형이나 기능을 변형하는 것도, 자유로이 선택된 것이라면 포함할 수 있다)이나, 의상, 말투, 버릇 등 기타의 젠더 표현을 포함한다는 것을 이해하며,

국제인권법은 모든 인간이 성적지향이나 성별정체성과 상관없이 모든 인권을 완전하게 누릴 자격이 있다고 단언한 것, 현행 인권법을 적용할 때에는 다양한 성적지향 및 성별정체성을 가진 이들의 구체적인 상황과 경험을 반드시 고려해야 한다는 것, 아동에 관한 모든 조치에서는 아동의 최선의 이익이 최우선 고려사항이 되어야 하고, 개인적인 견해를 형성할 능력이 있는 아동은 그 견해를 자유롭게 피력할 권리를 가지고 이러한 견해가 아동의 나이와 성숙단계에 따라 충분히 존중되어야 한다는 것을 알고 있으며,

---

119) 여성가족부의 2021. 4. 27.자 '2025 세상 모든 가족 함께 – 제4차 건강가정기본계획(2021-2025)'에서도 이러한 족자카르타 원칙과 흐름을 같이 하여 세상 모든 가족이 보호받아야 함을 주장하고 있다. 이러한 용어 선택은 프랑스가 2013년 동성결혼을 인정하는 법안, 일명 '모두를 위한 결혼(le mariage pour tous)'을 통과시켰을 때의 용어 구사와 유사하다. 위 법안의 정식명칭은 '동성커플에게 혼인을 개방하는 2013년 5월 17일 법률'이다.

국제인권법은 모든 인권, 시민적, 문화적, 경제적, 정치적, 사회적 권리를 완전하게 누리는 데 있어서 어떠한 차별도 절대 금지할 것을 강제하고 있다는 것, 성적 권리, 성적지향, 성별정체성에 대한 존중은 남녀평등을 실현하는데 필수불가결하다는 것, 국가는 한쪽 성이 열등하다거나 우월하다는 생각이나 남녀의 역할에 대한 고정관념에서 비롯된 편견과 관습을 없애기 위한 조치를 취해야 한다는 것을 명심하며, 더 나아가 이러한 국제적인 공동체가 성과 생식건강, 위압, 차별, 폭력으로부터의 자유를 포함하여 자신의 섹슈얼리티와 관련된 문제에 대해서 자유롭고 책임감있게 결정할 수 있는 인간의 권리를 인정해 왔음을 명심하며,

다양한 성적지향과 성별정체성을 가진 사람들의 생활과 경험에 적용 가능하도록 국제인권법을 체계적인 방식으로 기술하는 것이 매우 큰 가치가 있다는 것을 인정하며,

이러한 기술은 반드시 현행 국제인권법에 따라야 하며, 국제인권법의 발달에 발맞추는 동시에 다양한 지역과 국가에 있는 다양한 성적지향과 성별정체성을 가진 사람들이 겪는 구체적인 생활과 경험에 적용될 수 있도록 시간이 지남에 따라 정기적인 수정이 필요하다는 것을 인정하며,

인도네시아 족자카르타에서 열린 전문가 회의를 마치며 이에 이 원칙을 채택한다.
...
제18원칙. 의료 남용으로부터의 보호
누구도 성적지향이나 성별정체성을 이유로 그 어떤 형태의 의료적 또는 심리적 치료나 시술, 검진을 강제 당하거나 의료시설에 감금되어서는 안 된다. 분류에 관해 반대 견해가 존재하고 있기는 하지만 개인의 성적지향과 성별정체성 그 자체는 의료문제가 아니며, 치료되거나 교정되거나 억제될 수 없다.

국가는:

A. 문화에서 비롯되었든 다른 원인이 있든 간에 행동이나 외모, 지각된 젠더규범에 대한 고정관념 등 성적지향이나 성별정체성에 근거해서 이루어지는 유해의료행위로부터 완전하게 보호하기 위해 필요한 모든 입법적, 행정적 및 기타 조치를 취해야 한다.

B. 아동이 나이와 성숙단계에 맞는 충분한 설명을 듣고 완전하고 자유롭게 제공한 동의가 없거나, 그 동의서가 아동에 대한 모든 조치에서 아동의 최선의 이익을 가장 중요하게 고려해야 한다는 원칙에 부합하지 않는다면, 누구도 성별정체성을 강제하려는 의도를 가지고 의료적 시술로써 아동의 신체를 돌이킬 수 없이 변형할 수 없도록 필요한 모든 입법적, 행정적 및 기타 조치를 취해야 한다.

C. 아동이 의료 남용의 위험에 처하거나 당하지 않도록 아동보호체제를 설치하여야 한다.

D. 다양한 성적지향과 성별정체성을 가진 사람들이 HIV/AIDS 또는 기타 질병에 대해 백신, 치료 혹은 살균제를 사용하는 것 등과 관련해 비윤리적이거나 비자발적인 의료적 처치 또는 연구의 대상이 되지 않도록 보호해야 한다.

E. 남용을 조장하거나 촉진하거나 기타 다른 방식으로 남용을 발생시킬 가능성이 있는 모든 보건기금제공사업이나 프로그램들 – 개발보조 성격이 있는 것 등 – 을 검토하고 수정해야 한다.

F. 의료적, 심리적 치료나 상담에서 명시적으로나 암묵적으로 성적지향과 성별정체성을 치료, 교정, 억제시켜야 할 의료적 문제로서 다루는 일이 없도록 해야 한다.
...

제24원칙. 가족을 형성할 권리
모든 사람은 성적지향이나 성별정체성에 상관없이 가족을 형성할 권리가 있다. 가족은 다양한 형태로 존재한다. 어떤 가족도 구성원의 성적지향이나 성별정체성을 이유로 차별을 당해서는 안 된다.

국가는:

A. 성적지향이나 성별정체성을 이유로 한 차별 없이 입양이나 의학적 도움을 통한 출산(정자 또는 난자기증에 의한 수정 등)이 가능하도록 하는 등 가족을 형성할 권리를 보장하기 위해 필요한 모든 입법적, 행정적 및 기타 조치를 취해야 한다.

B. 혈통이나 결혼으로 규정되지 않는 가족형태등 다양한 가족 형태가 법과 정책에서 인정되도록 해야 한다. 그리고 어떤 가족도 구성원의 성적지향이나 성별정체성을 이유로 차별 – 가족관련 사회복지와 기타 공적급여, 고용, 이주에 관련된 차별 포함 – 을 당하지 않도록 필요한 모든 입법적, 행정적 및 기타 조치를 취해야 한다.

C. 아동과 관련하여 공립 혹은 사립 사회복지기관, 법정, 행정당국 혹은 입법기관에서 이루어지는 모든 조치와 결정에서, 아동의 최선의 이익이 최우선 고려사항이 되고, 또 아동이나 가족 구성원 혹은 다른 사람의 성적지향이나 성별정체성이 그러한 최선의 이익에 부합하지 않는다고 여겨지지 않도록 필요한 모든 입법적, 행정적 및 기타 조치를 취해야 한다.

D. 아동에 관한 모든 조치와 결정에서, 아동이 개인적 견해를 형성할 능력이 있으면 그 견해를 자유롭게 표현할 권리를 행사할 수 있도록 해야 하며, 그러한 견해는 아동의 나이와 성숙단계에 따라 충분히 고려되어야 한다.

E. 동성결혼이나 동성파트너십을 인정하는 나라에서는 이성간 결혼이나 파트너십에 주어지는 모든 자격, 특권, 의무, 혹은 혜택이 동성결혼이나 동성파트너에게도 똑같이 주어지도록 필요한 모든 입법적, 행정적 및 기타 조치를 취해야 한다.

F. 이성 비혼 파트너에게 주어지는 모든 자격, 특권, 의무, 혹은 혜택이 동성간 비혼 파트너에게도 똑같이 주어지도록 필요한 모든 입법적, 행정적 및 기타 조치를 취해야 한다.

G. 결혼과 기타 합법적으로 인정되는 파트너십은 배우자나 파트너가 되려고 하는 이들의 자유롭고 완전한 동의가 있어야만 성립하도록 해야 한다.
...

위 원칙이 민간의 전문가들에 의하여 선언된 지 11년쯤 후인 2017. 11. 10. 스위스 제네바에서 위 원칙 29가지와 추가된 10개의 원칙들, 그리고 111개의 국가의무들이 더해진 족자카르타 플러스 10이 선언되었다.

위 플러스 10 선언은, 국제인권봉사기구(International Services for Human Rights)와 아르크 인터내셔널(ARC International)이 전문가 및 시민사회단체 이해당사자들과 협의하여 구성한 여덟 명의 기초위원회를 통하여, 다양한 의견 수렴 절차를 거쳐 족 자카르타 원칙 플러스 10이라는 문서의 초안을 마련하였고, 2017. 9. 18.에서 20.까지 제네바에서 개최된 전문가 회의에서 위 문서가 채택되었다.

플러스 10 선언의 특징은, 족자카르타 원칙이 성 소수자의 보호와 관련하여 성적지향과 성 정체성이라는 두 범주만을 언급하였으나 성 표현(gender expression)[120]과 성 특징(sex characteristics)이라는 범주를 추가하여 포함시킨 점, 2006년 족자카르타 원칙은 그 준수 주체를 대체로 국가로 보아 국가들에게만 요구하는 세부적인 의무 사항들인 사항들을 제시한 반면 2017년 족자카르타 원칙 플러스 10은 그 문서의 마지막 부분에 추가적인 권고 사항을 넣어 국가들뿐만 아니라 국가 사회와 국제사회의 모든 구성원들이 인권의 실현에 관한 책임이 있다는 것을 지적하면서 국가인권기구들과 스포츠 기구들이 성적 지향성, 성 정체성, 성 표현, 그리고 성 특징과 관련되는 업무와 활동에 있어서 특별한 조치들을 취할 필요가 있음을 강조하였다는 점 등에 있다.

---

120) 젠더 표현은 옷차림, 헤어스타일, 액세서리, 화장 등을 포함한 신체적 외관, 버릇, 말투, 행동양식, 이름 등으로 자신의 젠더를 표현하는 것을 의미한다.
차별금지법이 입법화되면, 젠더 표현에 대하여 어떠한 사회적 비판을 할 수 없게 되고, 젠더 표현을 마음껏 할 수 있으며 또 이러한 분위기가 사회적으로 확산되어 질 것이다.

그 중 제33원칙은 아래의 내용이다.

제33원칙: 성적 지향, 성별 정체성, 젠더 표현, 성징을 이유로 한 범죄화와 제재로부터 자유로울 권리
만인은 각자의 실제 혹은 간주된 SOGIESC로 인해 발생하는 범죄 및 그 어떠한 제재 행위로부터 자유로울 권리를 가진다.
국가는,
A. 관습법, 종교법, 토착법, 명시적 조항 또는 反자연, 反도덕, 反공공품위, 反방랑, 反소도미, 反선전 법률을 비롯한 일반 처벌 규정의 적용에 있어 성적 지향, 성별 정체성, 젠더 표현을 범죄화하거나 그와 유관한 어떤 형태의 제재도 행하여서는 안된다.
B. SOGIESC에 근거한 성노동, 임신중절, 고의에 의하지 않은 HIV 전염, 간통, 소란, 배회 및 구걸의 범죄화를 비롯한 권리 및 자유를 저해하는 범죄화 조치 및 제재에 대하여 재고해야 한다.
C. 재고 기간 동안, SOGIESC에 근거한 차별적인 범죄화 및 일반 처벌 법률의 적용을 중단해야 한다.
D. SOGIESC를 근거로 하여 자의적으로 사람을 범죄자화하는 법률과 관련된 유죄 판결을 말소하고 관련된 과거의 전과 기록을 지워야 한다.
E. 법관, 법 집행 관리 및 의료복지 제공자들의 SOGIESC에 관한 인권 의무와 관련된 훈련을 보장해야 한다.
F. SOGIESC의 범죄화를 근거로 한 폭력, 협박 또는 학대 행위에 대해 법 집행 관리와 다른 개인 및 단체들이 책임을 지도록 해야 한다.
G. SOGIESC를 근거로 한 범죄화 및 처벌에 영향을 받는 사람들에게 법률 지원 시스템, 정의 및 구제 수단에의 효과적인 접근성을 보장해야 한다.
H. 사전에 당사자가 자유로이 동의한 신체 교정 절차 및 시술을 非범죄화해야 한다.

동성애는, 예컨대 미국 정신의학회가 1973년 '정신질환 진단 및 통계 매뉴얼(DSM-Ⅲ)'에서 삭제할 때까지 정신질환으로 분류되었었고, 미국심리학회는 2011년 '개인에게 이성애, 양성애, 동성애의 성적지향이 발달되는 정확한 이유에 관하여 과학자들 간에 일치된 의견이 없음'을 표명한 바 있다.[121]

성 소수자에 대한 차별을 반대하고 그 인권을 옹호하는 사람과 단체들은 성적지향은 '선택'하는 것이 아니라 '발견'된다는 점을 강조하는데, 유엔 사회권규약위원회는 2009년 일반논평 20호에

---

121) 위 한국의 차별금지법 제정 추진과 국제인권규범의 시사점 92면

서 성 정체성을 시정해야 할 차별사유의 하나로 인정하였고, 유엔 인권이사회도 2011년 성적지향과 성별 정체성을 이유로 한 인권침해에 반대하는 최초의 결의안을 채택한 후 2014년과 2016년에도 같은 취지의 결의안을 채택한 적이 있다.[122]

1966년에 제정된 사회권규약에서는 9가지의 차별금지사유를 규정했었으나, 위 일반논평 제20호에서는 사회권규약의 '기타 사회적 신분'의 내용을 세분화하여 명시하였다. 사회권규약(1966), 일반논평 제20호(2009), 유럽인권협약(1950), 유럽연합 기본권 헌장(2000)의 차별금지사유를 비교하면 아래 표의 내용이다.[123]

사회권규약 (1966)	일반논평 제20호 (2009)	유럽인권협약 (1950)	유럽연합 기본권 헌장(2000)
인종과 피부색	인종과 피부색	인종, 피부색	인종, 피부색
성별	성별	성별	성별
종교	종교	종교	종교 또는 신념
정치적 또는 기타의 의견	정치적 또는 기타의 의견	정치적 또는 기타의 의견	정치적 또는 기타 의견
민족적 또는 사회적 출신	민족적 또는 사회적 출신	민족적 또는 사회적 출신	민족적 또는 사회적 출신
재산	재산	재산	재산
출생	출생	출생 또는 기타의 신분	출생
	장애		장애
	연령		연령
	국적		
	혼인 및 가족상태		
	성적지향 및 성별정체성		성적지향
	건강상태		
	거주지		
	경제적 및 사회적 상황		
		소수민족에의 소속	소수민족에의 소속
		언어	언어
			유전적 특징

---

122) 위 자료, 92면
123) 차별이란 무엇인가 : 차별금지법상 차별금지사유의 의의, 홍성수, 법과사회 66호(2021. 2.) 50면

2011년 유엔인권고등판무관 보고서에서는 성적지향, 성별 정체성 등과 관련하여 다음과 같이 의견을 표명하였다.[124]

유엔인권고등판무관 보고서(2011년)

B. 국제인권법 하에서 국가의 의무
성적 지향과 성별 정체성에 근거한 폭력과 차별을 예방해야 할 국가의 의무는 여러 국제인권문서로부터 도출된다. 이러한 의무에는 아래에 나열하는 것들이 포함된다.
1. 성적 지향이나 성별 정체성에 관계없이 생명, 자유, 안전에 대한 사람들의 권리를 보호해야 한다. …
2. 성적 지향이나 성별 정체성을 근거로 한 고문과 기타 잔혹하고, 비인간적이고, 또는 굴욕적인 대우를 방지해야 한다. …
3. 사생활에 내한 권리와 성적 지향이나 성별 정체성에 근거한 자의적 구금으로부터 보호해야 한다. …
4. 성적 지향과 성별 정체성을 이유로 한 차별로부터 개인을 보호해야 한다.
15. 차별을 받지 않을 권리는 세계인권선언(제2조)와 핵심적인 세계인권조약들, 즉 경제적, 사회적, 문화적 권리에 관한 국제규약(제2조)과 아동권리협약(제2조) 등에 포함되어 있다. 시민적, 정치적 권리에 관한 국제규약 제26조에서는 법 앞에서의 평등을 보장하며, 국가가 차별을 금지하도록 요구하고 있다.

16. 인권조약기구들은 일반논평, 최종견해문, 개인청원에 대한 견해 등에서 국가가 성적 지향이나 성별 정체성을 근거로 한 차별로부터 모든 사람을 보호해야 할 의무를 확인하였다. 어떤 사람이 레즈비언이거나 게이이거나 바이섹슈얼이거나 트랜스젠더라는 사실이 그들이 모든 인권을 완전히 향유할 자격을 제한하지 않는다. …

---

124) 1994년에 있었던 투넨 대 오스트레일리아 사건(Nicholas v. Australia)에서, 시민적 정치적 권리에 관한 국제규약(ICCPR)의 이행 상황을 감시하는 유엔 인권위원회(UNHRC)는 UN총회가 1948. 12. 10. 채택한 세계인권선언 제2조 그리고 시민적 정치적 권리에 관한 국제규약 제26조 두 개의 조항 모두 차별에 대한 보호대상으로 성적지향 항목을 포함하고 있는 것으로 이해해야 한다고 판단하였다. (한국에서 차별금지법 제정에 있어서 성적지향을 둘러싼 갈등과 전망, 이지현, 중앙법학 제16집 제3호, 2014. 9. 110면)
위 사건에서 인권위원회는, 성인들 사이의 동의에 의해 비공개로 이루어지는 성적 행위는 시민적 정치적 권리에 관한 국제규약에 따라 사생활에 해당한다고 판단하였다.
이후 인권위원회, 다른 조약기구들은 지속적으로 국가들이 동성애나 동성인 성인 사이의 동의된 성적 행위를 범죄화하고 있는 법을 개정하도록 요구하여 왔다.
세계인권선언 제2조 '모든 인간은 인종, 피부색, 성별, 언어, 종교, 정치적 또는 기타의 견해, 출신국가나 출신사회, 재산, 출생이나 기타의 지위 등에 따른 어떠한 종류의 구별 없이, 이 선언에 규정된 모든 권리와 자유를 향유한다.'
시민적 정치적 권리에 관한 국제규약 제26조 '모든 사람은 법 앞에 평등하고 어떠한 차별도 없이 법의 평등한 보호를 받을 권리를 가진다. 이를 위하여 법률은 모든 차별을 금지하고, 인종, 피부색, 성,언어, 종교, 정치적 또는 기타의 의견, 민족적 또는 사회적 출신, 재산, 출생 또는 기타의 신분 등의 어떠한 이유에 의한 차별에 대하여도 평등하고 효과적인 보호를 모든 사람에게 보장한다.'

IV. 차별적 법들
A. 동의한 성인 간의 동성 성관계를 범죄화하는 법과 성적 지향이나 성별 정체성 때문에 개인들을 범죄화하는 데 사용되는 다른 법들
40. 76개 국가가 성적 지향 또는 성별 정체성에 근거해 사람들을 범죄화하는 데 사용되는 법들을 가지고 있다. 이런 법들, 소위 "소도미 법(sodomy law)"라고 하는 법들은 식민지 시대에 제정된 법의 유물인 경우가 많다. 이 법들은 전형적으로 특정한 종류의 성적 행동이나 동성인 사람들 사이의 친밀하거나 성적인 행위를 금지한다. 어떤 경우에는 그 사용된 문구가, "자연 질서에 반하는 범죄"나 "도덕성," 또는 "난봉"과 같이 모호하고 불확정적인 개념들을 사용한다. 이런 법들의 공통점은 개인들의 실제적 또는 인지된 섹슈얼리티나 성별 정체성을 이유로 개인들을 괴롭히고 기소하기 위해 사용된다는 점이다. 처벌은 단기에서 종신형, 심지어 사형까지 다양하다.

41. 사적이고 동의된 동성애 행위를 범죄화하는 것은 사생활에 대한 개인의 권리를 침해하고 국제인권법을 위반한 것에 해당한다. 투넨 대 호주 사건에서, 인권위원회는 "성인이 사적으로 동의한 성적 행동은" 시민적, 정치적 권리에 관한 국제규약에서 "사생활이라는 개념에 포함된다"고 보았다. 위원회에 따르면, 그런 행위를 범죄화하는 법이 시행되느냐 그렇지 않느냐는 관계없다. 이런 법의 존재만으로도 계속적이고 직접적으로 개인의 사생활에 개입한다. 투넨 사건 이후에, 위원회와 다른 조약 기구들과 특별절차에서는 반복해서 국가들이 동성애나 동성인 성인 사이의 동의된 성적 행위를 범죄화하는 법을 개정하도록 촉구해왔다.
...

이 글을 보는 우리들도 성 소수자들이 그들의 개인적인 성적지향에도 불구하고 차별을 받지 말아야 함은 동의한다. 이러한 측면에서 위 국제기구들의 의견 제시에는 상당 정도 동의할 수 있다.

그렇다고 그들의 성적지향이나 성별 정체성이 절대적으로 보호받아서 우리가 이에 대하여 어떠한 의견제시도 못한다고 한다면, 이는 성 소수자들의 성적지향이나 성별 정체성이 우리의 종교의 자유, 양심의 자유, 학문의 자유보다 절대적이라는 것이어서, 결코 수용할 수 없는 주장이고 기존의 인권이나 기본권 법리와는 부합하지 않는다.

오늘날의 국제기구들은 왜 이러한 주장을 하는 것인지 그 이유를 검토해보자.

3. 글로벌 성혁명[125]을 주도하는 국제기구들

우리는 이 책 제2부에서 유럽연합의 경우 입법지침을 통해 각 회원국들이 성적지향, 성 정체성 등을 회원국 국내법화하는 제도적 측면을 살펴본 바 있다.

1950년, 유럽의회에 가입한 모든 국가들은 유럽각료이사회가 채택한 유럽인권조약에 서명해야 했다. 1950년에는 27개 회원국이 가입하였으나 2012년에는 47개 회원국으로 늘어났다. 이어서 유럽연합 자체가 유럽인권조약의 회원으로 가입했는데, 이 조약의 준수 여부는 유럽인권재판소가 감시하고 있다.[126]

유럽인권조약 제12조는, 한 남자와 한 여자와의 결혼을 보호하면서, 결혼할 수 있는 연령의 남녀는 각 국가의 법에 따라 결혼하고, 가족을 형성할 권리가 있다고 규정한다.

그런데 유럽연합은 2000년 새로운 인권문서인 유럽연합 기본권헌장을 채택하였는데, 위 기본권헌장 제9조에서는 '결혼할 수 있는 권리와 가족을 구성할 수 있는 권리는 이러한 권리를 규제하는 국가의 법에 따라 보장되어야 한다.'라고 규정함으로써, 유럽

---

125) 성혁명이란, 어린이와 청소년의 모든 성권리를 보장하고, 여성의 성권리를 열렬히 옹호하며, 현존하는 강제적 결혼(가족)제도를 폐지하고, 사춘기 청소년의 성접촉을 허용하며 실제로 권장할 것 등을 포함하는 개념이다.
성혁명이라는 개념 자체가 섹슈얼리티(성)에 대한 프로이트적인 정신분석학과 사회주의 혁명이라는 칼 막스의 정치경제학이 융합되어서 탄생한 개념이라고 분석된다.
프로이트의 제자였던 빌헬름 라이히(Wilhelm Reich)는 유럽 68문화혁명 세대들의 성혁명에 영향을 끼쳤는데, '성혁명'을 저술하였고, 아이들의 성 또한 해방될 것을 주장하였다. 권위주의와 파시즘의 발생을 막기 위해서는 어린아이들의 성해방과 성혁명 운동을 일으켜야 한다는 주장을 하였다.

126) 위 글로벌 성혁명, 131면 이하

인권조약 제12조와는 변화된 내용을 담고 있다. 결혼제도에서 더 이상 남녀가 언급되지 않는 것이다.

이러한 변화는 위 기본권헌장 채택 전인 1999년 암스테르담조약에서 이루어졌다. 이 조약에서 최초로 성적지향이 차별에 반대하여 보호되어야 하는 범주로 채택되었는데, 성적지향은 종전의 모든 인권조약에는 없는 개념이었고, 유럽연합 회원국들의 헌법적 전통에서도 크게 벗어난 것이었다.[127]

위 조약 이후로 유럽연합 기구들과 회원국들의 헌법에 성적지향이라는 범주를 포함시키려는 전쟁이 시작되었고, 유럽연합은 자신들의 상당한 재정지원을 이 분야에 사용하였다.[128]

국제연합도, 유럽연합과 같이 오늘날의 성혁명을 주도하고 있는데, 모두 세계적으로 활동하는 파워 엘리트들에 의하여 위로부터 시작된, 기존의 가치체계를 변화시키고자 하고 있다.

국제연합은 국제연합헌장과 세계인권선언(1948)을 통해 인권의 시대를 선포했다. 세계인권선언은 인류를 보호하는 보편적 원리가 담겨있고 사회의 근본적이고 자연스러운 제도에 대한 신중

---

[127] 결혼과 가족에 대한 문제는 유럽연합의 권한범위를 벗어나는 사항인데도, 유럽연합은 결혼과 가족에 대한 회원국의 자기결정권을 무시하며 보완성의 원리를 위반하여 회원국의 내국법에 간섭한다는 비판이 존재한다.
유럽연합 인권특별조사위원회는 2010. 6. 8. 유럽연합의 회원국과 비회원국에서 LGBTI 아젠다를 실행하기 위하여 'LGBTI의 인권을 증진하고 보호하기 위한 지침'을 승인하였다.

[128] 국제 동성애 옹호단체인 ILGA의 활동가인 이사벨르 쇼핀은 '출발선상의 그룹'(Starting Line Group)이라는 프로그램을 시작했는데, 그녀와 동료 운동가들은 동성애자들의 권리를 암스테르담 조약에 포함시키기 위하여 유럽의회에서 자주 연설을 하였고, 결국 그들의 목적을 성취하였다. (위 글로벌 성혁명, 132면)

한 고려도 포함되어 있었다. 아래는 국제연합이 1948. 12. 10. 총회에서 선언한 내용 중 일부이다.

제1조 : 모든 인간은 자유롭게, 그리고 동등한 존엄성과 권리를 가지고 태어난다. 그들은 이성과 양심을 부여 받았으며, 서로를 향해 형제애를 가지고 행동해야 한다.
제2조 : 모든 사람은 인종, 피부색, 성별, 언어, 종교, 정치적 의견 및 기타 의견, 국적 또는 사회적 출신, 재산, 출생이나 지위 등과 같은 어떠한 종류의 차별도 받지 않고, 본 선언문에 나와 있는 모든 권리와 자유를 누릴 자격이 있다.
…
제16조 (1) : 성인이 된 남녀는 인종, 국적 또는 종교의 제한 없이 결혼하여 가정을 이룰 권리를 가진다.
…
제16조 (3) : 가족은 사회의 자연적이며 기초적인 구성 단위이며, 사회와 국가의 보호를 받을 자격이 있다.

국제연합은 경제사회이사회(ECOSOC)를 통해 인권 문제를 심도 있게 다루었으며, 경제사회이사회[129]는 산하에 인권위원회를 두어 인권 현안에 개입했다. 2006년 인권위원회는 인권이사회(Human Rights Council)로 격상되어 오늘에 이르고 있다.

국제연합은 공식적인 기구를 통해 각국의 인권현실에 개입하고 인권 문제를 해결하기 위하여 국제적인 연대를 강화하고 있다. 동시에 국제사회는 다자간 인권규약을 체결하여 인권의 증진을 위해 노력해온 바 있다.

이러한 노력들의 결과 자유권규약(1966), 사회권규약(1966), 그리고 인종차별철폐협약, 여성차별철폐협약, 아동권리협약, 이주노동자권리협약, 고문방지협약, 장애인권리협약 등이 채택되

---

129) 경제사회이사회는 개별국가 차원에서 국제 인권규범을 관철시키기 위해 국가인권위원회의 설치에 관한 가이드라인을 제시하였다. 인권위 발간자료(세계주요국가 인권기구현황집, 국가인권위원회, 2005. 12.)에 의하면, 100개국 이상이 국가인권기구를 설치했고 기능상 A등급으로 평가받은 기구는 50여 개 정도라고 한다.

었다.

이러한 인권조약들은 조약상의 권리권위원회를 별도로 두고 조약 당사국의 조약 이행 실태를 보고받고 조사하고 권고 조치를 취하고 있다[130]. 심지어 자유권규약의 제2선택의정서나 고문방지협약 선택의정서는 이른바 개인통보제도까지 둠으로써 국내법 차원에서 구제받지 못한 개인을 구제하고 있다. 물론 구제결정은 판결이 아니라 권고의견이다.[131]

그런데 불과 몇 십년 사이에 국제연합은 세계인권선언문이 선포했던 인류의 이미지를 바꾸고 보편적인 도덕 대신, 상대주의적인 포스트모던[132]의 가치를 문화의 기초로 대체해 버리기 위해 자신의 힘과 자원을 사용하는 기구가 되었다고 평가된다.[133]

---

130) 유엔인권이사회는 2013년 우리나라에 대하여 '국가별정례인권검토'에서 포괄적 차별금지법의 제정을 권고하였다.
그리고 유엔의 조약감시기구(Treaties Monitoring Bodies)인 사회권규약위원회(CESCR), 인종차별철폐위원회(CERD), 여성차별철폐위원회(CEDAW), 아동권리위원회(CRC)는 각각 우리나라의 해당 국제인권조약에 대한 국가보고서를 심사한 후 제시한 최종견해(Concluding Observation)에서 차별금지법의 입법을 권고해 오고 있다.

131) 이상은, 법의 시각에서 본 인권의 역사, 이재승, 역사비평, 2013. 5. 51면에서 인용.
우리나라 헌법재판소는 2011. 8. 30. 선고 2007헌가12 결정에서 국제인권기구의 해석은 각국에 권고적 효력만 있을 뿐 법적 구속력을 가지는 것은 아니라고 판단한 바 있다.

132) 포스트모더니티의 기본적인 교리는 모든 현실은 사회적으로 구성되는 것이며, 진리나 현실은 어떠한 안정적이거나 객관적인 내용도 없다는 것이다. 세계적인 포스트모던적 윤리는 차이점들과 선택의 다양성, 문화적 다양성, 문화적 자유, (성적지향과는 다른) 성적 다양성 등을 칭송한다. 소위 '해방'은 보편적이라고 간주되는 모든 것들, 그리고 유대 기독교적 가치를 포함한 일체에 대하여 불안정하게 만들고 해체시키는 과정을 통해 이루어진다. 아래 '글로벌 성혁명' 85면 이하
포스트모던적 패러다임은 기독교적 패러다임의 용어를 변경하여 사용한다. 진리-오류에 대한 권리, 절대적인 가치와 구속력 있는 기준-자율적인 인간에 의한 자유로운 선택, 위계질서-평등, 부모의 권리-자녀의 권리, 성-젠더, 남자와 여자라는 양성의 정체성-젠더의 선택, 규범으로서의 이성애-모든 성적 행위에 대한 법적 사회적 수용, 배우자 - 파트너 등이다.

133) 글로벌 성혁명, 가브리엘 쿠비, 84면
현재 국제연합과 산하 기관들은 남성과 여성의 성정체성을 해체하고, 결혼과 가족을 파괴하며, 자주적인 '아동 권리'의 강화를 통해 세대를 분리시키고, 성도덕을 없애 버리고 있다고 평가한다.

이러한 혁명의 과정에서 처음부터 끝까지 중심적인 역할을 한 것은 정부가 아니라 비정부 소수자들이었고, 그들은 선봉자, 선구자, 전문가, 로비스트, 의식 함양자, 합의 도출자, 촉진자, 파트너, 사회공학자, 운영 에이전트, 그리고 새로운 윤리의 감시자들과 승리자들이었다고 분석되고 있다.

국제연합은 1995년 베이징에서 세계여성대회를 개최하였는데, 이 대회에 대하여는 선출되지 않은 자들에게로 권력 이동이 이루어지는 대표적인 예로 지적된다.

국제기구는 국제적인 관료주의와 비정부 기구들(NGO) 사이의 협력을 통해 작동되는데, 위 유엔세계여성대회는 급진적 페미니스트들이 장악한 회의였고, 그들의 장기적인 목표는 '성'이라는 단어를 '젠더'로 바꾸는 것이었다.[134]

1996년 뉴욕 글렌 코브에서 국제적인 활동가들이 모여서 '바뀔 수 있는 연성규범'을 '변하기 어려운 경성법률'로 바꾸는 데 조약감시기구 혹은 준법위원회라고 불리는 기구들을 적극 활용하기로 합의하였고, 이러한 감시기구들은 더 나아가 법적 구속력이 있는 조약들을 발전시키고 업데이트하며 재해석하기 시작했다.[135]

---

[134] 위 대회는 여성환경개발기구(WEDO)와 국제가족계획연맹이 준비하고 개최하였는데, 주로 반생명 단체들만 참가 허가를 받고 생명과 가족의 보호를 주장하는 단체들은 허가를 받지 못했다고 한다. 그리고 마지막 순간에 행사를 1일 연장하여 비행기표를 바꿀 수 없었던 가난한 나라에서 온 대표단들은 예정된 회의기간 이후에는 떠나야 했고, 최종 투표에서 자연스럽게 배제되었다고 한다. 이로 인하여 바티칸과 이슬람 대표단들의 강력한 반대에도 불구하고 베이징 행동강령은 만장일치로 채택되었고, 결국 가족보호를 외치던 여러 단체들이 연합하여 '우리는 동의할 수 없다'는 제목의 전단지를 배포하였다고 한다. (위 글로벌 성혁명 94면 이하)

[135] 위 글로벌 성혁명 97면 이하

이러한 기구들의 네트워크는 유엔 에이전시, 유엔 프로그램, 감시기구, NGO들로 구성되어 릴레이식 협력을 계속할 수 있도록 짜여졌고, 조약 감시과정에서 NGO들의 영향력은 지속적으로 증가하고 있으며, NGO들은 유엔 회원국들이 각 위원회의 권고사항을 준수하는지 개별 국가 차원에서 감시하는 감시자 역할을 맡고 있다.

결국 유엔의 기구들과 각국 별로 활발한 활동을 벌이고 있는 NGO들은 주권국가의 민주적 의사결정 과정을 무시하며 성적지향 등의 입법화 추진, 청소년 성애화 정책 등을 추구하는데, 이는 인권헌장의 도덕적 권위를 등에 업고 있는 국제연합을 이용하여 각 주권국가에 문화적, 법률적으로 삼투하고 있는 셈이다.

UN 인권이사회는 2011. 6. 17. '성적지향과 성 정체성을 이유로 한 차별적 법과 관례, 폭력행위 금지'를 결의한 이후 수차례 같은 내용의 결의를 해왔다[136]. 물론, 이는 국제법상 법적 강제력이 없는 연성법(soft law)의 형태였다.

위 차별금지사유는 유럽과 영미법계 국가를 중심으로 입법화되고 있는데, 주지하다시피 유럽의 경우에는 입법지침에 의하여 회원국에 대하여 강제되고 있는 실정이다. 그러나 이에 대하여 반대

---

[136] 성적지향을 포함한 차별금지법안에 대한 비판적 접근 - 영미법제 연구를 중심으로, 이상현, 법학논총 39, 2017. 9. 162면.
Human Rights Council(HRC) resolution - Human rights, sexual orientation and gender identity, A/HRC/RES/17/19 (adopted Jun. 17. 2011) ;
HRC resolution - Human rights, sexual orientation and gender identity, A/HRC/RES/27/32(adopted Sep. 26, 2014) ;
HRC resolution, Thirty second session. A/HRC/RES/32/2 (adopted by the HRC on Jun. 30. 2016)

의사를 표명하는 국가들이 상당수에 이르러서 국제관습으로는 인정받지 못하는 단계로 평가된다.

국제연합은 2016. 12. 19. 총회에서 '성적지향과 젠더 정체성(SOGI)에 대한 독립전문가' 자리를 만들기 위한 투표를 하였는데 84 대 77의 표차로 통과되었고, 방콕 출신의 국제법 교수인 비트 무탄르브혼이 그 자리에 임명되었다.

현재 국제연합 회원국들에게 압력을 가하는 주요 메커니즘 중 하나는 '범세계적 정기집중(Universal Periodic Review)'을 통해서이고, 국제연합은 이를 통해 회원국에게 SOGI 권리에 관한 1,300여 개 가량의 권고안을 내었고, 이러한 권고들은 주로 캐나다, 네덜란드, 스페인, 프랑스와 같은 회원국들의 소수 그룹에서 제출하는 것이었다.[137]

이처럼 국제연합은 제2차 세계대전 이후 전 세계 사람들의 희망의 불빛이었다. 그러나 현재는 종전의 가치질서를 변혁시키려는 문화혁명의 도구로 이용되고 있다.[138]

한국의 경우 국제사회의 인권담론이 본격적으로 국내에 유입된 것은 1990년대 초인데, 1993년 빈 세계인권대회에 참석한 한국의 인권운동가들이 귀국과 동시에 국가인권기구 설립을 추진하기 시작했고, 그 결과 2001년 인권위가 출범한 것이라고 평가하고

---

137) 위 글로벌 성혁명 101면
138) 위 글로벌 성혁명, 102면

있다.[139)]

우리나라에서도 차별금지법제의 도입을 주장하는 NGO들의 주장 논거 중 하나는 국제연합 등 국제기구의 위와 같은 권고안이다.

---

139) 소수자 정책과 인권담론 – 고용허가제와 차별금지법 사례 분석, 김수경, 사회과학 담론과 정책 12(1), 2019. 4. 86면
위 자료 100면에 따르면, 1998년 인권위원회법 제정을 위해 30여개 인권단체들이 모여 내용을 논의할 당시에도 차별사유에 "성적지향"을 포함시킬 것인가의 문제는 핵심쟁점이 아니었고, 인권단체들 사이에서도 국민정서와 미풍양속의 측면에서 성지향성 문제는 시기상조라는 의견이 분분했다고 한다. 결과적으로 성적지향이 차별사유에 포함되었지만 당시 활동가들은 성적지향이 의미하는 바를 정치권에서 제대로 파악하지 못해서 통과되었을 것이라고 언급했다고 한다.

4. 인권위의 인권활동

인권위의 성적지향 등에 관련한 활동내용을 살펴보면 아래의 내용이다.[140]

- 인권위는 인권위법상 성적지향 문구를 근거로 2002년 국어사전 등 각종 사전에서 동성애에 대한 부정적 인식을 가지도록 하는 모든 표현들을 수정하도록 권고하여 동성간 성행위에 대한 전통적인 성도덕에 기한 부정적 평가가 사전들에서 사라지도록 만듦.
{2002. 11. 15.자 국가인권위 보도자료 '사전에서 동성애자에 대한 차별적 표현이 사라진다. 성적지향에 의한 차별사건 심의 중 해결'에 의하면, 인권위는 동성애자인권연대와 연세대학교 '컴투게더'를 비롯한 4개 대학 동성애자 모임이 2002. 3. 20. 국립국어연구원(표준국어대사전발행)과 9개 출판사(국어, 영한, 한영사전 발행)를 상대로 낸 동성애자에 대한 차별적 표현 수정 진정사건을 심의 중 해결했다고 밝히면서 자신들이 진정인과 피진정인의 합의를 주선했고, 그 결과 향후 발간되는 각종 사전에서는 동성애자에 대한 차별적 표현이 사라지게 되었다고 밝힘.}

- 인권위는 위 법조항 문구를 근거로 2003년 청소년보호위원장에게 청소년유해매체물 지정 기준에서 동성애를 삭제하도록 권고하는 결정을 하여, (국가인권위원회 2003. 3. 31. 02진차80, 130 결정), 2004년 청소년유해매체물에서 동성애가 삭제되도록 함. 그 결과 우리나라 청소년들은 동성애를 조장하는 영상물에 아무런 제한없이 노출되기 시작했고 이는 청소년들 사이에 동성애 폭증과 에이즈신규 감염자 폭증으로 이어짐.

- 인권위는 위 법조항 문구를 근거로 2005년 동성애를 적극 옹호하는 인권상황실태 연구보고서로 '국가인권정책기본계획수립을 위한 성적 소수자 인권 기초현황조사'를 발주한 뒤 채택하여 이를 정책에 적극 반영 시행 {주여욱 국가인권정책기본계획 수립을 위한 성적 소수자 인권 기초현황조사, 국가인권위원회(2005)}

이 보고서의 내용들에는 동성간 성행위를 대법원 판결과 헌재 결정들과 동일하게 비정상적으로 표현하는 상담, 이성애가 정상이라는 상담, 동성애 확산을 우려하는 신문기사, 동성애를 도덕적이고 윤리적인 문제로 다루려는 시각 자체, 동성애가 그릇된 성문화를 조장할 수 있다는 기사 등을 모두 동성애 차별로 간주(조여울, 앞의 보고서 80면, 92-93면, 103면 등)

---

140) 차별금지법과 동성애 독재 - 국가인권위원회법 제2조 3호 '성적지향"의 문제점, 조영길, 개혁주의 이론과 실천, 153면 이하

- 인권위는 위 법조항 문구를 근거로 교육현장에서 동성애가 도덕적으로 아무런 문제가 없는 정상적인 성행위인 것처럼 교육되도록 권고하기 시작. 2006년 군부대에서 본건 법조항 문구의 의미를 포함한 동성애자 인권교육을 권고하여 시행되도록 하였고, 본건 법조항 문구를 근거로 동성애를 도덕적으로 비난하는 것을 금지하고 본건 법조항 문구의 의미를 자세히 설명하는 수많은 교과서들이 제작되어 교육현장에서 사용되도록 하고 있음.
(초등, 중등, 고등학교 윤리, 보건, 사회 문화 등의 수 많은 교과서들에서 동성애를 정상이라고 소개하고 동성애에 대하여 부도덕하거나 비정상적으로 평가하는 것은 동성애자에 대한 인권침해 내지 차별이라는 점을 가르치고 있다는 점에 대하여는 김지연, '청소년의 동성애를 유발하는 환경과 실태, 청소년 및 청년 에이즈 감염 급증에 관한 정책 포럼 자료집, 2016. 8. 25. 49-68면 참조.)

- 위 법조항 문구를 그대로 반영하여 동성간 성행위를 옹호하는 수많은 지방자치단체들의 인권조례, 학생인권조례 등의 제정이 현재까지 이어지고 있음. 이로 인해 학교 현장에서는 보건적 측면에서 동성애에 대한 객관적인 교육조차도 금지되고 있는 실정임.

최근 한 중학교 교사는 수업시간에 동성애의 문제점을 소개하였는데, 수업을 듣던 학생 중 일부가 이를 몰래 녹음한 뒤 서울시 교육청에 인권을 침해당했다고 신고, 서울시 교육청은 성적 지향이 차별금지사유로 포함된 학생인권조례를 근거로 해당 교사에 대하여 소명을 요구하며 조사에 착수함. (학생인권조례 위력 현실화, 수업 중 동성애 비판한 교사 징계 받을 판, 2017. 2. 1.자 국민일보 기사)

- 인권위는 위 법조항 문구를 근거로 2011년 한국기자협회와 협약형태로 인권보도준칙을 제정하여 동성애에 대한 부정적 평가나 에이즈 병리현상과 연결되는 언론보도를 금지시킴. 그 결과 언론에서는 동성애 지지보도가 급증한 반면, 동성간 성행위가 에이즈 감염의 주된 원인이라는 객관적 보도는 자취를 감추게 됨.

- 인권위는 위 법조항 문구를 근거로 2007년 동성애에 대한 반대행위에 현행 인권위법상의 조사 및 시정권고만으로는 부족하므로 민사손해배상, 형사처벌 등 법률적인 강제적 제재를 부과하는 방법으로 금지시키려는 차별금지법안의 제정을 당시 노무현 정부에 권고. 그 결과 노무현 정부하 법무부가 2007년, 이명박 정부하 법무부가 2010년, 박근혜 정부 시기 국회의원들에 의하여 3차례에 걸쳐 차별금지법 제정 시도가 이어짐.

- 위 법조항 문구는 서울시가 동성간 성행위를 적극 조장하는 행사인 소위 퀴어 문화축제 행사를 서울시청 광장에서 연속하여 개최하도록 허용한 법적 근거가 됨.

- 헌재가 동성간 추행을 금지한 군형법 위헌성에 대하여 2002년, 2008년, 2016년 무려 3차례 합헌이라고 결정을 내리며 동성간 성행위는 비정상적인 성행위로서 일반인에게 객관적으로 혐오감을 유발하고, 선량한 성도덕관념에 반하는 성만족행위라는 도덕적 평가를 내리고 있고, 대법원도 2008년 동일한 판결을 선고하였음에도 불구하고, 인권위는 본건 법조항 문구를 근거로 최고법원인 헌재결정들과 대법원 판례와 정반대가 되는 입장을 계속 표명하면서 국민들에게 동성간 성행위에 대한 성도덕 평가에 있어서 지속적4인 혼란을 조장해 오고 있음. 특히 2010년에는 헌재 결정에 위반하여 동성애를 처벌하는 군형법이 위헌이라는 의견을 제출하기까지 한 바 있음.

또한, 인권위는 2017년 전문가포럼을 통해 '기본권보장 강화 헌법개정(안)'을 마련한 바 있는데, 그 안에는 동성혼 인정에 있어서 헌법적 장애를 제거하고자 시도하고 있다.

관련 조문만 살펴보면, 차별금지사유로 '성별-종교 또는 사회적 신분' 이외에 '성적지향'을 추가하고, '모든 사람은 존엄과 평등에 기초하여 혼인하고 가족을 구성할 권리가 있다'고 하면서 현행의 '양성'이라는 문구를 삭제하였다.[141]

그리고 제8대 국가인권위원회 최영애 위원장은 2018년 취임하면서 차별금지법 제정 추진을 약속하였고, 2019. 9월 정의당은 21대 국회에서 1호 법안으로 차별금지법을 발의한다는 의지를 다지며 동성애자인 김조광수를 추진특별위원회 위원장으로 임명한 바 있다.[142]

인권위는 2019. 3. 29.에는 기존의 진정서 양식에서 진정인이 남, 여, 남(트랜스젠더), 여(트랜스젠더) 등 4개의 성 중에서만 선택할 수 있었던 점을 변경하여 남성과 여성뿐만 아니라 제3의 성을 기재할 수 있도록 하겠다고 발표하였다.

이러한 인권위의 실무에 대해, 종교단체, 학부모단체, 안보단체

---

[141] 사적영역에서 동성애자의 평등권 보장을 둘러싼 헌법적 쟁점, 김송옥, 헌법재판연구 제7권 제1호 (2020. 6.) 232면
인권위의 위 시도에 대한 비판의견으로, 개헌이 재앙의 초대장일 수는 없다 – 동성애·동성혼 개헌의 정당성 결여를 중심으로, 홍익법학 제18권 제4호(홍익대학교 법학연구소, 2017) 등이 있다.
[142] 사적영역에서 동성애자의 평등권 보장을 둘러싼 헌법적 쟁점, 김송옥, 헌법재판연구 제7권 제1호 (2020. 6.) 210면

를 중심으로 비판이 일고 있다. 인권위가 인권이라는 명목하에 기존의 성도덕에 반하는 행위를 미화하고 비판적 시각의 정보를 차단하여 사회, 특히 청소년에게 비윤리적, 보건유해적 성행위를 유발하게 한다는 것이다.[143]

결국 우리나라의 인권위는 국제기구들의 성혁명을 앞장서 받아들이는 도관의 역할을 하고 있다. 그러나 이는 우리나라의 헌법질서 및 가치체계와는 다른 것이다.

인권위는 자신들의 지난 행태가 우리나라 헌법질서와 상충됨을 인식하고 있을까?

---

143) 성적지향을 포함한 차별금지법안에 대한 비판적 접근 – 영미법제 연구를 중심으로, 이상현, 법학논총 39, 2017. 9. 168면

5. 젠더 이데올로기와 문화막시즘

젠더 이데올로기는 생물학적인 성을 부정하고 남자와 여자 사이에 수많은 젠더(사회적 성)를 만들려고 시도하는 이론이다.[144] 기존의 생물학이라는 과학을 부정하는 반자연과학적 이론이다. 성혁명적이고 성정치적인 젠더 연구를 통한 정치 이데올로기로 분류된다.

젠더 이데올로기에는 초기에는 평등과 인권의 가치를 내세워 국제연합이나 유럽연합과 같은 상위기관으로부터 톱다운 방식으로 정책화되었지만, 지금은 그 이론과 실체가 파악되어 전 세계적으로 거센 저항에 직면하고 있다.

이러한 젠더 이데올로기의 이론적 기초에는 포스트모던니즘[145], 후기구조주의 그리고 데리다의 해체주의 철학도 존재하지만 독일 프랑크푸르트 학파의 비판이론도 존재한다고 평가된다.[146]

그런데 젠더 이데올로기는 문화막시즘으로 연결된다.[147]

---

144) LGBTI 운동가들은 퀴어라는 단어를, 이성애에 반대하는 동성애라는 개념에 갇혀 버리는 것을 극복하기 위해 사용한다. 퀴어는 이성애가 아닌 모든 것을 의미하게 된다.
퀴어 이론에 의하면, 이성애의 이중성과 동성애의 단일성은 성 정체성의 완전한 해체를 위하여 반드시 제거되어야 한다. 왜냐하면 오직 그럴 때에만 비로소 강제적인 이성애의 헤게모니가 완전히 극복되고 사람들이 스스로를 창조할 수 있는 완전한 자유를 얻게 된다고 주장한다.

145) 포스트모더니즘에 대해서는 철학 속의 막시즘이라는 비판이 행해진다.

146) 위 문화막시즘의 황혼, 39면

147) 젠더 유동성을 주장하는 문화막시즘의 젠더플루이드(Genderfluid) 개념은 젠더퀴어의 종류로 성별이 유동적으로 전환되는 젠더이다.
여성과 남성은 물론이고 안드로진, 에이젠더 등과 같은 다양한 젠더 사이를 의식적 혹은 무의식적으로 오간다고 한다. 아침에는 남자, 저녁에는 여자가 될 수도 있고, 모든 젠더를 가졌다고 자각하는 팬젠더도 가능하다고 한다.

문화막시즘은, 이탈리아의 그람시, 헝가리의 루카치 등이 1920년대에 주장한 막스의 분파 사상[148]인데, 1960년대의 유럽 신좌파 사상에 영향을 주었으며 독일 프랑크푸르트 학파의 막스 호르크하이머를 중심으로 한 아도르노[149]-마르쿠제에 의해 1930년대에 계승된 신좌익 사상이다.[150] 문화막시즘은 급진적 성혁명을 통해서 문화혁명을 달성하려고 하였다.

독일 프랑크푸르트 학파의 헤르베르트 마르쿠제의 해방론을 보면, 위 문화막시즘의 기본적인 내용들이 잘 정리되어 있다.[151]

---

148) 칼 막스의 '경제적 막시즘'이 실패하자, 이탈리아의 안토니오 그람시, 헝가리 게오르그 루카치 등에 의하여, 종전의 기동전이 아닌 진지전의 방식으로, 종전의 정치혁명만의 방식이 아닌 문화투쟁으로 언론, 교육을 장악하여 가면서 막시즘을 구현하고자 하는 변형된 혁명이론이다. 즉, 문화지배가 정치지배에 선행되어야 함을 주장하였다.
이들은 전통적인 가족과 종교, 도덕을 해체하고자 시도하여 왔다.
예컨대, 루카치의 경우 헝가리가 볼셰비키 벨라 쿤(Bela Kun) 정부가 되었을 때 문화위원회 부위원장을 지내면서 공립학교 학생들에게 성 체위를 가르치는 책을 만들어 학생들에게 가르친 바 있다고 한다. 오늘날 젠더 이데올로기를 주입하는 자들이 성애화 교육을 시도하는 것과 같은 방식이다.

149) 아도르노는 "잘못된 세상에서는 올바른 삶은 존재하지 않는다"(Es gibt kein richtiges Leben in falschen)라는 유명한 유행어를 남겼다.

150) 위 저서, 38면

151) 도서출판 울력

- 착취의 질서로부터의 해방, 즉 자유로운 사회의 구성에 선행해야 하는 해방은 과거와 현재 사이의 역사적 단절을 필요로 한다.
- 그들은 이것이 오늘날에도 여전히 가능하다는 점을 이해하고 있으며 이같은 목표의 달성이, 자유로운 오웰주의 세계(Free Orwellian World)에서의 사이비 민주주의의 규범과 규칙이 함유하는 투쟁을 더 이상 필요로 하지 않는다는 점도 이해하고 있다.
- 그때 저항은 바로 개인의 "생물학"이라는 본성에 뿌리를 두고 있을 것이다. … 그러한 인간 "본성"의 변화는 고려할 수 있을 것인가? 나는 그렇다고 생각한다.
- 인간의 자유로운 세계는 기존 사회에 의해 세워질 수 없다. 기존 사회는 자신의 지배를 능률화하고 합리화할 뿐이다. 계급과 계급 구조를 유지하는 데 요구되는 완벽한 통제, 욕구와 만족 그리고 인간 존재의 예속을 재생산하는 가치를 만들어 낸다.
- 이러한 관점에서 사회적 도덕성이 성적인 도덕성에 뿌리를 두고 있다고 볼 수 있다면, 풍요 사회에서 부끄러움이 없어지고 죄의식이 효과적으로 억제되고 있다는 사실은 부끄러움과 죄의식이 성적인 영역에서 소멸해 가고 있다는 것을 말해준다. … 따라서 우리는 성해방이 풍요 사회의 억압적이고 공격적인 권력을 위한 본능의 기초를 제공한다는 모순에 직면하게 된다.

이 모순은 기존 질서에 고유한 도덕성으로부터의 자유화가 효율적 통제의 틀 내에서 이루어진다는 점을 이해한다면 해소될 수 있다. …즉 터부의 느슨해짐은 죄의식을 완화시키고 그렇게 해서 "자유로워진" 개인들은 제도화된 아버지들에게 리비도적으로 결합시킨다.
- 도덕성은 유기체가 갖고 있는 하나의 성향으로서 특정한 사회적 기준에 부합하는 어떠한 윤리적 행위보다 우선한다. 그것은 아마도 공격적인 것에 대항하면서 생의 "항상 보다 큰 단위들"을 창출하고 보호하는 에로스적인 추동에 뿌리를 두고 있을 것이다. 그렇다면 우리는, 모든 종류의 "가치들"을 위한, 인간 사이의 연대를 위한 본능의 기초를 갖는 셈이다. 계급 사회의 요구에 따라 효과적으로 억압된 연대는 이제 해방을 위한 전제조건으로 등장한다.
- … 도덕성의 변화는 "생물학적" 차원으로까지 "내려가서" 유기체의 여러 행동을 개조한다.
- 자본주의는 스스로를 변형시킴으로써 스스로를 재생산한다. 그리고 이러한 자본주의의 변형은 주로 착취의 발전이다.
- 그러한 재구성을 기획하고 인도할 새로운 감성과 새로운 의식은 새로운 "가치"를 규정하고 의사소통시킬 새로운 언어(단어, 이미지, 몸짓, 말투 등을 포함하는 넓은 의미의 언어)를 필요로 한다.
- 이 죽음과 같은 삶의 체계를 또 다른 죽음과 같은 체계로 대체하지 않고 변화시키려면, 인간은 삶의 새로운 감성을 발전시키는 법을 배워야 한다.
- 문제는 저항이 지향하는 바로 거기에 놓여 있다. 교육 시스템의 구조적인 개혁에 대한 요구는, 현혹적인 중립성을 갖고 종종 고통스럽게 변명하는 교육에 반대하여, 학생들에게 물질적이고 지적인 문화에 대한 견고하고 철저한 비판을 위한 개념적 도구를 제공한다. 동시에 이 요구는 교육의 계급적인 성격을 폐지하고자 한다. 이러한 변화는, 풍요사회의 끔찍한 특징들을 가리고 있는 이데올로기적이고 테크놀로지적인 베일을 벗기는 의식의 확장과 발전으로 이끌 것이다.
- 이 기능적이고 번영하는 "민주주의" 사회에 대항하는 저항은 도덕적인 저항이 된다.
- 이러한 상황들 하에서 해방과 제3세계의 발전을 위한 전제 조건은 선진 자본주의 국가에서 등장해야 한다.
- 그것은 어떤 종류의 삶인가? 우리는 여전히 "구체적인 대안"에 대해 진술해야 한다는 요구에 직면해 있다. 하지만 그것이 새로운 사회의 것이 될 특정한 제도와 관계에 대한 요구라면 의미를 상실하고 만다. 그것들은 선험적으로 결정되어질 수 없다. 그것은 새로운 사회의 발전에 따라 시행착오를 거쳐 발전되어야 한다. 만약 우리가 오늘날 대안에 대한 구체적인 개념에 모양을 부여할 수 있다면 그것은 대안의 개념이 아닐 것이다. 새로운 사회의 가능성은 충분히 "추상적"이다.

스위스의 저명한 일간신문 '노이에 취리히 짜이퉁'은 2016. 3. 19. 아래 내용의 기사를 보도하였다고 한다.[152]

> 프랑크푸르트 학파는 사회제도들의 권위의 붕괴, 가정의 해체, 민족의식의 파괴, 정신적인 전통들의 상실, 사회의 광범위한 성애화(Sexualisierung), 사회적 환경의 희생자들로서의 범죄자들에 대한 이해, 의무와 희생정신에 대한 폄훼, 과학기술에 대한 적대성 그리고 문화혁명 전체에 대해서 책임이 있다.

프랑크푸르트 학파의 비판이론은 막스-엥겔스에 이어지는데, 엥겔스는 '가정, 사유재산 그리고 국가의 기원'에서 가정과 결혼제도의 기원을 문화인류학적으로 설명하고, 공산주의 혁명을 위해서 사유재산과 가정을 해체할 것을 주장한 바 있다.

젠더 이데올로기의 주요 이론가이며 동성애자인 주디스 버틀러(Judith Butler)는, 막스와 프로이트 사상의 융합에서 탄생한 포스트모더니즘과 후기구조주의 철학에 기초한 정신분석학적 페미니즘을 주장한다고 평가된다.[153]

버틀러는 "당신의 성적인 행위가 당신의 젠더를 창조한다"(Your Behavior Creates Your Gender).라고 주장하였고, "젠더는 퍼포먼스(수행)이다"(Gender is a performance)라고 주장하여, 결국 생물학적 남성이 여성적인 활동을 수행하면 젠더로서의 여성이 되고, 생물학적인 여성이 남성적인 행동을 수행하면 젠더로서의 남성이 된다고 한다.

---

152) 위 문화막시즘의 황혼, 28면
153) 위 문화막시즘의 황혼, 39면

즉, 남자 혹은 여자라는 개인의 생물학적 성은 그들의 정체성과는 무관하고, 오히려 생물학적 정체성은 자기 자신에 대한 스스로의 정의에 반하는 자연의 독재이며, 반드시 해방되어야 할 독재가 된다. 한 사람의 정체성은 그의 성적지향에 의하여 결정되는데, 이것은 유연하며 변할 수 있고 다양하다는 것이다.

따라서 생물학적인 외부성기의 유무 및 염색체적 특성이, 남성과 여성을 구분하는 기준이 될 수 없다고 주장한다.

이처럼 버틀러는 사회구성주의의 측면에서 생물학적인 성을 사회학적인 성으로 대체하는 주장을 하였고, 더욱 대담하게는 근친상간 금기도 타파하려는 주장을 하고 있다.[154]

급진적이고 포스트모던적 페미니즘 학자들의 그 동안의 과학 적대적인 발언들도 비판을 받고 있는데, 예컨대, 산드라 하딩(Sandra Harding)은 1987년 저서 'The Science Question in Feminism'에서 뉴튼의 프린키피아(자연철학의 수학적 원리)와 뉴튼의 법칙을 '뉴튼의 강간 매뉴얼'(Newton's rape manual)이라고 주장한 바 있고, 루스 이리가레이(Luce Irigaray)는 아인슈타인의 "질량-에너지 동등성 공식($E=mc^2$)이 빛의 속도에 '특권을 주기' 때문에 성욕의 의미를 담고 있다."라고 말하여 화제를 모았었다.

---

[154] 1990년에 출간된 버틀러의 저서인 '젠더 문제: 페미니즘과 정체성의 전복'(Gender Trouble: Feminism and the Subversion of Identity)은 젠더 이데올로기의 기초가 되고 있다.

이러한 젠더 이데올로기는, 현재 노르웨이에서 관련 정부 예산이 대폭 삭감되었고, 우리나라의 경우에도 현재 젠더 이데올로기의 전파자였던 여성가족부에 대한 해체 논의가 뜨거운 실정이다. 앞으로는 인권위의 젠더 이데올로기에 입각한 활동들도 뜨거운 비판을 받을 것으로 예상한다.

독일의 학자 노베르트 볼츠(Nobert Bolz) 교수는, 남성과 여성이라는 것은 결코 사회적 구성물이 아니라는 점, 급진적 또는 포스트모던 등의 광적인 페미니즘이 생물학적인 성(Sex)을 사회적 성인 젠더(Gender)라는 개념으로 몰아내는 언어정치를 시도하고 있다고 비판한다.

그리고 볼츠 교수는 오늘날 광적인 페미니즘은 자유 대신에 평등을 그리고 기회평등 대신에 결과평등을 쟁취하려고 하며, 그 결과평등마저도 여성 개개인을 위한 결과평등이 아니라 전체로서의 여성 집단을 위한 결과평등을 추구하며, 광적인 페미니스트들이 실제로는 평등보다는 권력을 쟁취하려고 한다고 분석하고 있다.[155]

이러한 분석은 오늘날의 대한민국 사회에도 동일하게 적용된다. 한국 페미니즘에 대한 비판자들도 현재 동일한 목소리를 내고 있다. 여성 개개인을 희생하면서 페미니스트[156]들의 한국 사회에

---

155) 위 문화막시즘의 황혼, 169면 이하

156) 한국은 UNDP 공표 2015년 기준 '성불평등지수'에서 아시아 최고 수준인 1위와 세계 10위를 기록했다. 지수로만 보자면 한국이 아시아에서 첫 번째, 세계에서 열 번째로 성평등을 이룬 나라로 평가되었다. 아시아 최고 수준의 성평등사회이다. 명실상부한 성평등 실현 국가이다. (그 페미니즘은 틀렸다, 오세라비, 도서출판 좁쌀한알, 81면 이하)
UNDP(유엔개발계획)의 인간개발지수(Human Development Index : HDI)는 수명과 건강, 지식 접근성, 생활수준을 통해 분석, 공표하는 지수이다.

서의 권력을 추구하는 점에 대해서 말이다.[157]

이상의 내용에 덧붙여 조금 더 말해야겠다.

2012년 당시 교황 베네딕토 16세는 젠더 이론이 '인류학적 혁명'으로 결코 수용할 수 없다는 비판을 하였고, 바티칸은 2019. 6. 11. 공식문서를 통해서 문화적이고 이데올로기적 혁명으로서의 젠더 이데올로기를 비판한 바 있다.

위 문서에서 바티칸은 '차별금지(Nichtdiskriminierung)'라는 유행하는 개념은 자주 하나의 이데올로기를 은폐하고 있는데, 그 이데올로기는 남자와 여자 사이에 존재하는 차이와 자연적 상호성을 부정하고 있으며, 그 젠더 이데올로기가 학교와 교육기관에 도입되는 것에 대한 명백한 반대를 표명했다.

그리고 바티칸은 젠더 이데올로기가 상대주의에 의해 추진되는 문화적이고 이데올로기적 혁명일 뿐 아니라 법률적 혁명(Juristischen Revolution)을 통해서 강제되고 있음을 경고한 바 있다.[158]

---

157) 필자는, 자유주의적 페미니즘 및 그 취지는 존중되어야 한다고 생각하고 있다.
'서구의 페미니스트들이 일으킨 1970년대 초 여성행방운동은 현재 이르러 정치사회적으로 소멸됐다. 그런데 국내 페미니스트들은 반세기 전 서구 페미니즘을 무분별하게 수입하여 국내 현실에 무리하게 적용하였다. … 엘리트 여성들은 페미니즘 운동의 수혜를 입으며 경력을 쌓고, 고위직으로 진출했다. 좌파 여성단체의 상층부에서 활동하다 비례대표 국회의원으로 의회 입성하는 케이스다. 정치권력을 이용하여 페미니즘 카르텔을 공고히 한다. 그렇지만 페미니스트들의 희생양은 다수의 일반 여성들이다. 무엇보다 저소득층 여성들이 직면하는 문제는 외면한다. 다수의 보통 남성들을 철저히 적으로 돌리며 또 다른 성차별을 야기한다.' (페미니즘은 어떻게 괴물이 되었나, 오세라비 외 2, 글통, 27면)

158) Http://de.catholicnewsagency.com/story/vatikan-verurteilt-gender-ideologie-als-kul-turelle-und-ideologische-revolution-4731.
그런데 천주교 인권위원회는 한국기독교교회협의회(NCCK) 산하 인권센터 등 10여개 종교계 단체들과 함께 포괄적 차별금지법의 제정을 촉구하는 성명서를 발표한 바 있다. (포괄적 차별금지법의 이해와 쟁

6. 사적 자치와 summum ius summa iniuria

현대 사회는 기존의 권력이 정부기관에서 민간으로 이양되고 있다. 필연적으로 사적 영역이 급격히 확장되고 있다.

이러한 현상에 대하여, 사적 자치를 보장하기 위하여 사적 영역에서 차별금지 규율 적용을 배제한다면 개인의 헌법상 평등권 보장은 사실상 형해화될 것이라고 주장하는 견해도 있다.[159]

우리가 현재 시행하고 있는 개별적 차별금지법률이나 현행 국가인권위원회법으로는 사적 차별문제를 실효적으로 규율하기 어렵고 차별규율에 있어 중대한 흠결이 남아 있으며, 민법 일반조항을 통한 민사적 차원에서의 사적 차별 규율로는 차별문제의 적극적 해결을 기대하기 어렵다는 문제가 있다고 주장한다.

그러나 이 책에서 살펴본 바와 같이, 우리 헌법적 기본질서에 부합하지 않는 성적지향, 성 정체성, 그리고 차별금지사유에 기초한 비판 등도 전면적으로 금지되는 내용, 성적지향 등을 차별금지사유로 삼으면서 글로벌 성혁명을 주도하는 국제기구들의 행태를 감안하면, 우리의 가치체계와 맞지 않고 지나치게 통제의 정도가 확대되는 내용을 가진 포괄적 차별금지법의 제정이 그 해법이 될 수는 없다.

점. 김엘림, 2020. 11. 14면)
159) 사적 자치와 차별금지법, 이재희, 저스티스 165, 2018. 4.

우리들은 이미 세계의 기업가들이 투자하기 회피하는 지나친 법규제 속에서 경제활동을 하고 있는데, 포괄적 차별금지법이 제정되면 이제는 인권위가 최고의 인권기관으로서 사회경제적인 엄청난 위력을 발휘하게 된다.

헌법상 평등권의 내용에 대하여, 헌법재판소는 그 동안 법질서로서의 평등의 원칙 혹은 기본권으로서의 평등권(차별받지 아니할 권리)은 '국민의 기본권 보장에 관한 우리 헌법의 최고원리'이거나 '국가에 대하여 합리적 이유 없이 불평등한 대우를 하지 말 것과 평등한 대우를 요구할 수 있는 국민의 기본권 중의 기본권'(헌재 1989. 1. 25. 88헌가7 등)이라고 하면서 헌법상 자명한 요청임을 명시적으로 선언해왔다.[160]

즉, 평등은 모든 것을 언제나 동일하게(평등하게) 대우하는 절대적 평등이 아니라 같은 것을 동일하게 대우하고 다른 것을 상이하게 차별적으로 대우하는 상대적 평등인 것이다. 이러한 상대적 평등의 이념에 따르면 '합리적 근거가 있는(reasonable)' 차별대우는 허용된다. 따라서 합리적 근거가 있는 차별대우는 차별의 개념

---

160) 헌법의 눈으로 본 차별금지법, 한상희, 민주법학 제74호(2020. 11.) 169면
평등권은 '같은 것은 같게, 다른 것은 다르게' 취급하는 것이 기본원칙이다.
즉, '차별취급의 자의성은 합리적인 이유가 결여된 것을 의미하므로, 차별대우를 정당화하는 객관적이고 합리적인 이유가 존재한다면 차별대우는 자의적인 것이 아니게 된다.'(헌재 2002. 11. 28. 2002헌바45)
헌재 1994. 2. 24. 92헌바43도, '헌법 제11조 제1항의 평등의 원칙은 일체의 차별적 대우를 부정하는 절대적 평등을 의미하는 것이 아니라 입법과 법의 적용에 있어서 합리적 근거 없는 차별을 하여서는 아니된다는 상대적 평등을 뜻하고 따라서 합리적 근거 있는 차별 내지 불평등은 평등의 원칙에 반하는 것이 아니다. 그리고 합리적 근거가 있는 차별인가의 여부는 그 차별이 인간의 존엄성 존중이라는 헌법원리에 반하지 아니하면서 정당한 입법목적을 달성하기 위하여 필요하고도 적정한 것인가를 기준으로 판단하여야 한다.'라고 밝히고 있다.
결국 평등권에 대하여는 '차별취급이 존재하는가', '이러한 차별취급이 헌법상 정당화되는가'라는 2단계 심사를 거치게 된다. (사법상 차별금지와 허용되는 차별대우 - 독일 일반평등대우법을 중심으로, 박신욱 민사법학 94, 2021. 3. 51면)

에 포함되지 말아야 한다.[161]

그런데 현재 논의되는 차별금지-평등법안은 상대적 평등의 내용이 아니라 절대적 평등 내지 수학적 평등까지의 내용을 담고 있는 것이 문제이다. 민간의 자율, 즉 사적 자치를 극도로 최소화하려고 하기 때문이다.

그래서 현재 우리에게 필요한 것은 '법규는 필요한 만큼, 자유는 가능한 만큼'의 정신이다.

스위스 베른 출신의 윤리신학자인 프란츠 푸르거(Franz Furger : 1935-1997)는 이에 관하여 다음과 같이 경이롭게 말하였다.[162]

---

161) 차별금지법(안)에 대한 검토와 비교를 통한 대안의 제시 - 국가인권위원회와 법무부의 차별금지법안 및 국가인권위원회법과 장애인차별금지법을 중심으로, 이준일, 170면
위 자료에서는, 차별과 관련된 분쟁은 일종의 논증게임이라고 설명한다. 즉, 당사자들 사이에서 관련 분쟁이 발생하면, 이에 관련한 가치판단을 해야 하고, 그 판단은 현재의 구조에서는 인권위가 될 수 밖에 없다.
'차별과 관련된 분쟁은 일종의 논증게임이다. 왜냐하면 차별판단의 전제가 되는 평등의 논증구조가 그렇기 때문이다. 평등은 일정한 비교대상을 둘러싸고 벌어지는 가치관들 사이의 논증게임이다. 비교대상을 같은 것으로 보아 평등한 대우를 해야 한다는 주장과, 다른 것으로 보아 불평등한(차별적) 대우를 해야 한다는 주장이 서로 논거를 주고받는 게임이기 때문이다. 이러한 논증게임에서 평등은 평등대우에 유리한 논증부담규칙으로 이해된다.' 178면.

162) 윤리신학입문, 프란츠 푸르거, 수원가톨릭대학교 출판부, 162면, 274면

우선 한편으로 완벽한 규범을 만들고자 하는 유혹의 위험성이 있다. 곧 규정과 법령들을 최대한 촘촘하고 세밀하게 구성하여 더불어 살아가는 인간의 삶을 빈틈없이 규정함으로써, 실제로 이 규정에 따른 삶의 전개 안에서 그 어떤 오류도 애초부터 배제하려 하는 유혹이 있을 수 있는 것이다.

그러나 인간이 본성적으로 가진 즉흥성과 결코 완전히 파악할 수 없는 사안의 복잡성으로 인해 이러한 이론적인 가정은 - 계획경제가 의도대로 기능할 수 있도록 고안되었던 역사 안의 그 많은 시도가 잘 보여주듯이 - 환상에 불과하다는 사실을 우리는 쉽게 알 수 있다.

그러나 이러한 사실을 도외시하더라도, 그러한 지나친 규정의 시도 자체가 이미 하나의 사회적 흐름으로 자리잡게 되면, 이는 인간의 창조적인 개척의 힘을 크게 제약하여 인간 공동의 삶의 다양한 형태들을 경직시킬 위험성이 있고, 개인에게 예측하지 못한 일들이 발생할 경우 그것을 극복하기 위해 필요한 상상력이 부족해지기 시작할 것이다.

게다가 그러한 규정의 체계를 담당하는 주무관청은 손쉽게 인간의 행동을 제어하는 권력을 얻게 되어, 이 권력이 인간 인격의 존엄성 안에서 이루어지는 자유로운 삶의 전개, 곧 모든 윤리의 목적이자 모든 규범의 목적인 인격의 성숙에 해롭게 작용하기 시작할 것이다.

...

여기서 우리는 앞서 언급했던 "법규는 필요한 만큼, 자유는 가능한 만큼"이라는 준칙을 다시금 떠올릴 필요가 있다. 곧 규범을 구체화함에 있어 잊지 말아야 할 것은 각 민족이나 개인의 특성에 따라 어느 정도 다른 판단의 여지를 두되, 가능한 모든 사안을 하나도 빠짐없이 철저히 규정하려고 해서도 안 되고, 반대로 온전히 임의성에 맡김으로써 개인이나 사회를 무정부주의와 같은 혼란에 빠지게 해서도 안 된다는 사실이다.

각주) 이러한 긴장관계는 라틴어 격언 "Summum ius, summa iniuria(가장 완벽한 법은 가장 완벽한 불의이다)."에도 나타난다. 법이 최고의 자리에 위치하게 되면 가장 큰 불의가 될 수 있다는 이 격언이 전하고자 하는 바는 현대 사회에서도 찾아볼 수 있는데, 예컨대 경제와 관련된 분야에서 국가가 공익이라는 목적을 위해 정치적 행위로써 국가 경제를 구성하는 사회적 관계들을 강제적으로 규정하고자 할 때, 적잖은 시민들은 "작은 국가"라는 구호와 함께 최대한 자유로운 경제활동을 요구하며 맞서는 것을 볼 수 있다.

7. 진정한 인권이란

인권은 인간의 존엄성에 기초한 보편적 권리이다.[163] 국가인권위원회법은 제2조 제1호에서 '인권이란 대한민국 헌법 및 대한민국이 가입-비준한 국제인권조약 및 국제관습법에서 인정하는 인간으로서의 존엄과 가치 및 자유와 권리를 말한다.'고 개념정의하고 있다.

다만, 인권의 내용은 매우 포괄적이고 다의적이며 변화발전하는 개념이다. 그럼에도 법률을 통해 현실사회에서 보호되어야 하기 때문에 인권의 개념이나 범위를 구체적으로 확정해야 할 필요가 존재한다.[164]

미국 독립선언문 제2장을 보면 동시대에서 정의 내린 인권의 내용이 확인된다.

---

163) 법의 시각에서 본 인권의 역사, 이재승, 2013. 5. 38면
164) 차별금지 관련 법률의 부정합성, 이숙진, 경제와 사회, 2009. 12. 231면

2장

우리들은 다음과 같은 것을 자명한 진리라고 생각한다. 즉, 모든 사람은 평등하게 태어났으며, 조물주는 몇 개의 양도할 수 없는 권리를 부여했으며, 그 권리 중에는 생명과 자유와 행복의 추구가 있다. 이 권리를 확보하기 위하여 인류는 정부를 조직했으며, 이 정부의 상당한 권력은 인민의 동의로부터 유래하고 있는 것이다. 또 어떠한 형태의 정부이든 이러한 목적을 파괴할 때에는 언제든지 정부를 변혁 내지 폐지하여 인민의 안전과 행복을 가장 효과적으로 가져올 수 있는, 그러한 원칙에 기초를 두고 그러한 형태로 기구를 갖춘 새로운 정부를 조직하는 것은 인민의 권리인 것이다.

진실로 인간의 심려는 오랜 역사를 가진 정부를 천박하고도 일시적인 원인으로 변경해서는 안 된다는 것, 인간에게는 악폐를 참을 수 있는 데까지 참는 경향이 있다는 것을 가르쳐 줄 것이다. 그러나 오랜 동안에 걸친 학대와 착취가 변함없이 동일한 목적을 추구하고 인민을 절대 전제 정치 밑에 예속시키려는 계획을 분명히 했을 때에는, 이와 같은 정부를 타도하고 미래의 안전을 위해서 새로운 보호자를 마련하는 것은 그들의 권리이며 또한 의무인 것이다.

이와 같은 것이 지금까지 식민지가 견디어 온 고통이었고, 이제야 종래의 정부를 변혁해야 할 필요성이 바로 여기에 있는 것이다. 대영국의 현재 국왕의 역사는 악행과 착취를 되풀이한 역사이며, 그 목적은 직법 이 땅에 절대 전제 정치를 세우려는 데 있었다. 지금 이러한 사실을 밝히기 위하여 다음의 사실을 공정하게 사리를 판단하는 세계에 표명하는 바이다.

…

인권 사상은 17세기 영국의 정치혁명기에 풍성한 내용들이 제시되었고, 다만 국제법의 측면에서는 20세기 초반만 해도 국제법은 국가들 사이의 법일 뿐이고 개인이 국제법의 주체가 아니므로 국제법이 인권을 보장하는 내용을 명시하지는 않았다.

그런데 제1차 세계대전 이후 국제연맹과 국제노동기구 같은 국제조직이 탄생하고 부전조약이 체결된 것은 인권사의 새로운 이정표가 되었고, 참혹한 인권유린이 자행되었던 2차 세계대전 이후에야 지구적 차원에서 인권의 시대(Age of Human Rights)가 도래하였다.

앞에서 살펴본 바와 같이, 오늘날의 국제기구는 글로벌 성혁명의 전위기지로서의 역할을 하고 있고, 이들 성혁명이나 젠더 이데올로기는 독일 프랑크푸르트 학파, 이탈리아 그람시, 막스, 엥겔스 등과 이어지는 내용이다.

그리고 이들의 주장에 의하면, 성적지향 등에 대하여는 어떠한 비판을 할 수 없고, 특히 도덕적-성윤리적 가치판단과 비판적인 언어 표현도 차별행위로 볼 수 있어서[165], 결국 성소수자들의 헌법상 권리가 절대화되고, 반면에 우리들의 종교의 자유, 양심의 자유, 학문의 자유 등에 대한 본질적인 침해가 되며, 우리의 전통적인 사회의 가치질서를 무너뜨리는 기능을 하고 있다.

종교적 신념에 따른 양심적 거부자들은 차별금지법제하에서 또 다른 소수집단으로 추락하고, 종교를 가진 자는 더 이상 헌법이 보장하는 종교의 자유를 향유하는 주체로서 국가로부터 보호받는 기본권자가 아니라 자신의 종교적 신념으로 인하여 오히려 기본권 보호에서 배제되는 현상이 발생하게 된다.[166]

이처럼 차별금지-평등법안 법제는, 성적지향 등에 관한 권리가 절대적으로 보호받고 이에 대한 어떠한 비판을 할 수 없는 내용이어서 현재 우리의 헌법상 인권 또는 기본권에 관한 가치체계와 부합하지 않는다.

---

165) 위 성적지향을 포함한 차별금지법안에 대한 비판적 접근, 176면
성적 자기결정의 자유에 대하여도 법률유보의 원칙이 적용된다. 성행위를 할 자유를 포함하는 성적 자기결정의 자유는 그 대상, 방법, 제3자에의 공개 가능성에 따라 법적 규제가 가능하며 이는 목적과 정당성, 수단의 적합성, 최소침해 원칙을 준수하는 경우 기본권에 대한 법률유보(헌법 제37조 제2항)에 따라 허용된다. 위 논문, 171면.

166) 사적 영역에서 동성애자의 평등권 보장을 둘러싼 헌법적 쟁점 - 차별금지법 제정을 중심으로, 김송옥, 헌법재판연구 제7권 제1호(2020. 6.) 229면

에필로그

　차별금지·평등법안은 탑다운 방식에 의한 법률적 혁명입니다. 우리헌법의 기본적 가치체계와 상반되는 내용들이 인권위나 국제기구들에 의하여 주도하거나 권고되어 우리의 법제도가 되려고 하고 있습니다.

　그러나 국가 이데올로기가 되어버린 젠더 이데올로기는 사상적으로 가족과 도덕과 종교라는 우리의 가치체계를 전복시켜 버리려는 독일 프랑크푸르트 학파, 문화 막시즘, 막스-엥겔스 등과 연결되어 있습니다.

　자유민주주의 정치사상은 모든 인간의 자유와 평등을 강조합니다. 이때 평등은 모든 사람이 인간으로서의 가치와 권리에서 평등하다는 것이지, 모든 사람의 능력이나 성정이 동일하다는 의미는 아닙니다.

　모든 사람이 똑같은 가치를 지녔다면 똑같은 출발선에서 경주를 시작해야 하고 똑같이 결승점에 들어와야 한다는 주장은, 사회주의자, 공산주의자의 것입니다.

　그러나 민주주의는 결함이 많은 제도이며, 그릇 또는 시스템에 불과합니다. 도덕적 이상이 무엇이냐가 훨씬 더 중요합니다.

민주주의는 도덕적 이상이 사라지면 그 본질이 없어지는 것이기 때문입니다.

그런데 차별금지·평등법안은 상대적 평등을 넘어서 절대적 평등 또는 수학적 평등의 영역으로 넘어서고 있습니다.

그동안 우리 사회에서 인권위는 차별과 관련하여 긍정적으로 볼 수 있는 일들도 하여 왔지만, 인권위는 우리 헌법질서와는 부합되지 않는 젠더 이데올로기, 절대적 내지 수학적 평등의 추구행위를 하여 온 것으로 평가됩니다.

앞으로 국제기구가 권고한다고 하여 이를 무비판적으로 수용하지 않으면서, 오늘날 국제기구들이 과거와는 달리 어떻게 변질되어 왔는지, 이들은 현재 왜 젠더 이데올로기를 강요하는지 등에 대하여 성찰을 하고, 우리 사회가 나가야 할 길을 결정하여야 할 것입니다.

이 책은 2021년 하반기부터의 컨퍼런스 참여를 기회로 하여 구상되었고 이제 이렇게 모습이 정리되었습니다만, 종전의 훌륭한 성과들을 바탕으로 한 것이어서 이 도상에 있는 모든 분들께 다시 한 번 깊은 감사를 드립니다.

국제인권법과 차별금지법제

초판 1쇄 발행일 2022년 2월 25일

지은이 김학민
펴낸이 곽혜란
편집장 김명희

도서출판 필미디어
주소 (06151) 서울시 강남구 테헤란로 323 휘닉스빌딩 1008호
전화 02)545-6792
팩스 02)420-6795
출판등록 2008년 2월 11일 제 25100-2008-16호

ISBN 979-11-977958-0-0 (03300)
정가 16,000원

* 이 책의 저작권은 저자에게 있으며 이 책의 전부 또는 일부를
  이용하시려면 저작권자의 서면동의를 받아야 합니다.
* 이 책은 국립중앙도서관, 국회도서관 홈페이지에서 검색 가능합니다.
* 필미디어, 문학바탕은 (주)미디어바탕의 출판브랜드입니다.